Weiterführend empfehlen wir:

Das aktuelle Scheidungsrecht
ISBN 978-3-8029-3514-5

Geld-Checkliste Scheidung
ISBN 978-3-8029-3971-6

So schreibe ich mein Testament
ISBN 978-3-8029-3763-7

Das aktuelle Erbrecht
ISBN 978-3-8029-3525-1

Soll ich mein Haus übertragen?
ISBN 978-3-8029-3781-1

Kinder ohne Trauschein
ISBN 978-3-8029-3705-7

Paare ohne Trauschein
ISBN 978-3-8029-3433-9

400-Euro-Jobs
ISBN 978-3-8029-3339-4

**Nichteheliche Lebens-
gemeinschaften, eingetragene
Partnerschaften**
ISBN 978-3-8029-3829-0

Weitere Titel unter: www.WALHALLA.de

Wir freuen uns über Ihr Interesse an diesem Buch. Gerne stellen wir Ihnen zusätzliche Informationen zu diesem Programmsegment zur Verfügung.

Bitte sprechen Sie uns an:

E-Mail: WALHALLA@WALHALLA.de
http://www.WALHALLA.de

Walhalla Fachverlag · Haus an der Eisernen Brücke · 93042 Regensburg
Telefon (09 41) 56 84-0 · Telefax (09 41) 56 84-111

Karin Susanne Delerue

Trennung und

Scheidung für

Männer

4., aktualisierte Auflage

WALHALLA Rechtshilfen

Bibliografische Information der Deutschen Nationalbibliothek

Die Deutsche Nationalbibliothek verzeichnet diese Publikation in der Deutschen Nationalbibliografie; detaillierte bibliografische Daten sind im Internet über http:// dnb.d-nb.de abrufbar.

Zitiervorschlag:
Karin Susanne Delerue, Trennung und Scheidung für Männer
Walhalla Fachverlag, Regensburg 2010

Hinweis: Unsere Werke sind stets bemüht, Sie nach bestem Wissen zu informieren. Die vorliegende Ausgabe beruht auf dem Stand von Mai 2010. Verbindliche Auskünfte holen Sie gegebenenfalls bei Ihrem Rechtsanwalt ein.

4., aktualisierte Auflage

© Walhalla u. Praetoria Verlag GmbH & Co. KG, Regensburg
Alle Rechte, insbesondere das Recht der Vervielfältigung und Verbreitung sowie der Übersetzung, vorbehalten. Kein Teil des Werkes darf in irgendeiner Form (durch Fotokopie, Datenübertragung oder ein anderes Verfahren) ohne schriftliche Genehmigung des Verlages reproduziert oder unter Verwendung elektronischer Systeme gespeichert, verarbeitet, vervielfältigt oder verbreitet werden.
Produktion: Walhalla Fachverlag, 93042 Regensburg
Umschlaggestaltung: grubergrafik, Augsburg
Druck und Bindung: Westermann Druck Zwickau GmbH
Printed in Germany
ISBN 978-3-8029-3784-2

Schnellübersicht

1
2
3
4
5
6
7
8
9
10
11
12
13
14
15
16
17

Vor dem Gesetz sind alle gleich?

Dieser Satz wird Ihnen sicherlich geläufig sein. Und doch, die gute Absicht des Gesetzgebers und auch der Rechtsprechung nicht in Abrede gestellt, fragt man sich doch gelegentlich, ob „manche gleicher als andere sind"?

Grundsätzlich will auch ich darauf hinweisen, dass zwar die Regelungen des Gesetzes für Männer und Frauen gleichermaßen gelten. Jedoch ist ihre Anwendung, insbesondere auch durch beteiligte Dritte, häufig geschlechtsspezifisch. Das bedeutet häufig für Männer eine Situation, in der sie sich trotz des verfassungsmäßig garantierten Rechts auf Gleichbehandlung schlicht ungleich behandelt fühlen. Zum Teil resultiert dies aus den unterschiedlichen Anwendungsmöglichkeiten des Gesetzes, zum anderen ist dafür nicht unwesentlich auch das gesellschaftliche Verständnis vom Begriff der Familie verantwortlich, mehr und mehr im Wandel.

Diesem veränderten Verständnis von Familie und Gesellschaft hat auch der Gesetzgeber Rechnung getragen und die Reformen des Familienrechts in den vergangenen zwei Jahren vorangetrieben. Ihren (vorläufigen) Abschluss finden diese in der Reform des Verfahrens der freiwilligen Gerichtsbarkeit, dem FamFG, das seit dem 01.09.2009 sämtliche Verfahren betrifft, die nach dem 31.08.2009 eingeleitet wurden. Während einer Übergangszeit wird weiterhin „altes" neben „neuem" Verfahrensrecht anzuwenden sein; die Unterschiede werden in den einzelnen Kapiteln gegenübergestellt.

Seit seinem Inkrafttreten hat das FamFG bereits zum heutigen Zeitpunkt manifeste Korrekturen erfahren.

Darüber hinaus ergaben sich erhebliche Änderungen im Zugewinnausgleichsrecht, die – mit Ausnahme einer Vorschrift zum negativen Anfangsvermögen – aufgrund der Übergangsregelung sofort anzuwenden sind. Insoweit wird in diesem Kapitel nur der seit 01.09.2009 geltende Stand dargelegt.

Die Veränderungen im Versorgungsausgleichsrecht betreffen dagegen für einen Übergangszeitraum bis 31.08.2010 nur die seit 01.09.2009 eingeleiteten oder zuvor ausgesetzten Verfahren. An dieser Stelle erfolgt ein knapper Vergleich, allerdings mit dem Schwerpunkt auf das künftig geltende Recht.

Bei der Beurteilung der juristischen Abläufe bin ich vom gesetzlichen Güterstand ausgegangen, das heißt von der Situation, wie sie besteht, wenn kein Ehevertrag vorliegt. Erst in Kapitel 14 werden die güterrechtlichen Regelungsmöglichkeiten kurz dargestellt.

Ziel dieses Buches soll keine Auseinandersetzung mit soziologischen oder politischen Reformen sein, vielmehr soll es sowohl in juristischer als auch in praktischer Hinsicht Hilfe bei der Entscheidung über eine Trennung und Scheidung sein, sowie gegebenenfalls geeignete Wege aufzeichnen, die vorab zu begehen sind. Eine eingehende Beratung durch den Rechtsanwalt oder Notar kann dies freilich nicht ersetzen, zumal die jeweiligen Lebenssituationen berücksichtigt werden müssen.

Was Sie besonders interessiert

Kapitel 2 wird Ihnen die Unterschiede zwischen dem tatsächlichen und dem juristischen Getrenntleben darstellen. Es beschäftigt sich auch mit der Frage nach der Alternative, nämlich dem Getrenntleben innerhalb der ehelichen Wohnung.

In Kapitel 3 geht es um die Frage, wo die Kinder während der Dauer der Trennung leben werden und wie sich dies auf das Sorgerecht und Umgangsrecht auswirkt, sowie um die Frage, wer den Kindesunterhalt schuldet.

Kapitel 4 beschäftigt sich mit der Berechnung und der Dauer des geschuldeten Kindesunterhaltes.

In Kapitel 5 geht es um den gemeinsamen Hausrat und seine Verteilung.

Kapitel 6 beschäftigt sich mit der Frage nach der Unterhaltspflicht für die Ehefrau während der Dauer der Trennung und der Berechnung des Unterhalts.

In Kapitel 7 geht es um die Scheidung der Ehe.

Kapitel 8 befasst sich mit der Zwangsfolgesache der Ehescheidung, dem Versorgungsausgleich.

Kapitel 9 handelt vom Unterhalt nach Scheidung der Ehe.

Kapitel 10 setzt sich mit dem Zugewinn auseinander.

In Kapitel 11 geht es um die Regelung des Sorgerechts für die gemeinsamen Kinder.

Kapitel 12 befasst sich mit dem Hausrat und der Ehewohnung im Zeitpunkt der Ehescheidung.

In Kapitel 13 werden die Konsequenzen von Trennung und Scheidung auf erbrechtlicher Ebene dargestellt.

Kapitel 14 beschäftigt sich mit den Regelungsmöglichkeiten durch einen sogenannten Scheidungsfolgenvertrag.

Kapitel 15 befasst sich mit den Kosten für Rechtsanwalt, Notar und Gericht.

In Kapitel 16 finden Sie die Düsseldorfer Tabelle (Stand: 01.01.2010).

Karin Susanne Delerue

Abs.	Absatz
AG	Amtsgericht
Anm.	Anmerkung(en)
Art.	Artikel
Az.	Aktenzeichen
BAföG	Bundesausbildungsförderungsgesetz
BfA	Bundesversicherungsanstalt für Angestellte
GB	Bürgerliches Gesetzbuch
BGB	Bürgerliches Gesetzbuch
BGBl.	Bundesgesetzblatt
BGH	Bundesgerichtshof
BGHZ	Amtliche Sammlung der Entscheidungen des Bundesgerichtshofs in Zivilsachen
Bke	Bundeskonferenz für Erziehungsberatung e. V.
BKGG	Bundeskindergeldgesetz
BRAGO	Bundesrechtsanwaltsgebührenordnung
BT-Drs.	Bundestags-Drucksache
DFGT	Deutscher Familiengerichtstag e. V.
DT	Düsseldorfer Tabelle
EGBGB	Einführungsgesetz zum Bürgerlichen Gesetzbuch
EheG	Ehegesetz
EStG	Einkommensteuergesetz
e. V.	eingetragener Verein
f.	folgende
ff.	fortfolgende
FamFG	Gesetz über das Verfahren in Familiensachen und in den Angelegenheiten der freiwilligen Gerichtsbarkeit
FamGKG	Gesetz über Gerichtskosten in Familiensachen
FamRZ	Zeitschrift für das gesamte Familienrecht
FGG	Gesetz über die freiwillige Gerichtsbarkeit
FuR	Familie und Recht
GKG	Gerichtskostengesetz
HausratsV	Hausratsverordnung

i. S. v.	im Sinne von
i. V. m.	in Verbindung mit
KG	Kammergericht
KiTa	Kindertagesstätte
KostO	Kostenordnung
LG	Landgericht
LPartG	Lebenspartnerschaftsgesetz
LVA	Landesversicherungsanstalt(en)
NJW	Neue Juristische Wochenschrift
NJW-RR	NJW-Rechtsprechungsreport
OLG	Oberlandesgericht
RiAG	Richter am Amtsgericht
RVG	Rechtsanwaltsvergütungsgesetz
SGB VIII	Sozialgesetzbuch – Achtes Buch (Kinder- und Jugendhilferecht)
u. U.	unter Umständen
VersAusglG	Versorgungsausgleichsgesetz
ZPO	Zivilprozessordnung

Die Trennung

2

Scheitern der Ehe

2

Die Trennung vollzieht sich nach juristischen Gesichtspunkten dann, wenn mindestens einer der Ehegatten die „eheliche Gemeinschaft" nicht fortsetzen will, weil er oder sie die Ehe für gescheitert hält.

Wichtig: Die Trennung ist Voraussetzung für eine Scheidung der Ehe, da sie das Scheitern der Ehe manifestiert. Hinzu kommt der Wille mindestens eines der Ehegatten, die Ehe nicht fortsetzen zu wollen.

Wann jedoch einer der Ehegatten die eheliche Gemeinschaft nicht mehr fortsetzen will, ist freilich eine Gesinnungsfrage, über deren Vorliegen oft heftig diskutiert wird. Vorsorglich hat der Gesetzgeber auch Fiktionen in den Gesetzestext aufgenommen, die es Außenstehenden – namentlich den befassten Richtern – ermöglichen sollen, festzustellen, ob die Ehe als gescheitert anzusehen ist.

§ 1565 Abs. 1 Satz 2 BGB
Die Ehe ist gescheitert, wenn die Lebensgemeinschaft der Ehegatten nicht mehr besteht und nicht erwartet werden kann, dass die Ehegatten sie wiederherstellen.

§ 1566 BGB
(1) Es wird unwiderlegbar vermutet, dass die Ehe gescheitert ist, wenn die Ehegatten seit einem Jahr getrennt leben und beide Ehegatten die Scheidung beantragen oder der Antragsgegner der Scheidung zustimmt.

(2) Es wird unwiderlegbar vermutet, dass die Ehe gescheitert ist, wenn die Ehegatten seit drei Jahren getrennt leben.

Das mit der Ehescheidung befasste Gericht wird daher im Zusammenhang mit der Ehescheidung die Frage nach der Trennung überprüfen; es sind daher bereits bei der Trennung drei Varianten zu berücksichtigen:

- Trennung von einem Jahr und beide Ehegatten stellen jeweils durch einen Rechtsanwalt den Antrag auf Scheidung der Ehe

- Trennung von einem Jahr und ein Ehegatte stellt durch einen Rechtsanwalt den Antrag auf Scheidung der Ehe, der andere stimmt jedoch zu

- Trennung von drei Jahren und ein Ehegatte stellt durch einen Rechtsanwalt den Antrag auf Scheidung der Ehe, ob der andere zustimmt, ist nun nicht mehr zu prüfen

Der Zeitpunkt der Trennung ist daher für das gesamte Scheidungsverfahren von außerordentlicher Wichtigkeit, sodass eine Überprüfbarkeit der Trennung für das Scheidungsverfahren eine große Hilfe sein kann.

Im Termin zur mündlichen Verhandlung wird der Richter daher die Eheleute häufig fragen, ob er oder sie die Ehe fortsetzen will. Leben sie schon länger als drei Jahre getrennt, ist er hierzu allerdings nicht mehr verpflichtet.

Tatsächliche Trennung

Während des Bestandes der Ehe sind diverse Situationen denkbar, in denen es zu einer Trennung der Eheleute kommt. Nachfolgend werde ich nur zwei davon ansprechen, um zu skizzieren, dass der Wille, die Ehe nicht fortsetzen zu wollen, in irgendeiner Art dokumentiert werden sollte:

So kann es während einer Ehe vorkommen, dass aus Gründen der Berufstätigkeit eine Trennung der Eheleute erfolgt. Oft ist es dann so, dass derjenige, der berufsbedingt in eine andere Stadt zieht, dort auch einen neuen Hausstand begründet sowie Kleidung und Hausratsgegenstände mitnimmt. Diese Trennung zum Zwecke der „doppelten Haushaltsführung" entspricht allein nicht den Voraussetzungen für die Trennung im familienrechtlichen Sinne.

Das Gleiche gilt auch für die „unfreiwillige Begründung" eines anderen Wohnsitzes, beispielsweise durch Inhaftierung oder Ableistung einer Haftstrafe.

2

In beiden Fällen wird es darauf ankommen, dem anderen zusätzlich mitzuteilen, dass man die Ehe nicht fortsetzen möchte. Gewiss sollten zuvor weitere Fragen, die ich in den nachfolgenden Kapiteln ansprechen werde, geregelt sein; aber gerade wegen des Beginns der Jahres- (oder Drei-Jahres-)Frist, sollte die „Trennungsabsicht" dokumentiert werden.

Räumliche Trennung

Wie oben bereits dargestellt, reicht allein der Auszug nicht aus, sobald aber einer der Ehegatten ausgezogen ist und für sich die Entscheidung getroffen hat, die eheliche Lebensgemeinschaft nicht wieder aufnehmen zu wollen, sollte dies klargestellt werden.

> **Praxis-Tipp:**
>
> Auch wenn Sie nicht sicher sein sollten, ob Sie wirklich eine endgültige Trennung herbeiführen wollen, bietet es sich bereits beim „vorübergehenden Auszug" an, einen Nachsendeantrag bei der Post zu veranlassen sowie der Meldebehörde Mitteilung über den Umzug zu machen.
>
> Insbesondere der Auszug aus dem Melderegister über den ersten Wohnsitz ist ein geeignetes Dokument für den Zeitpunkt der Trennung.

Trennung innerhalb der gemeinsamen Wohnung

Es gibt jedoch Situationen, in denen es finanziell nicht tragbar ist, eine weitere Wohnung anzumieten, um dadurch auch das Scheitern der Ehe publik zu machen.

In diesen Fällen sieht die Rechtsprechung vor, dass unter engen Voraussetzungen auch das Getrenntleben in einer Wohnung als fristauslösend gelten kann.

Wichtige Gerichtsentscheidungen

So legte das OLG München in seiner Entscheidung vom 04.07.2001 (Az.: 12 UF 820/01, abgedruckt in FamRZ 2001, 1457) fest, dass „... eine vollkommene tatsächliche Trennung innerhalb der Wohnung voraussetzt, dass außer den der Versorgung und Hygiene dienenden Räumen kein Zimmer der Wohnung gemeinsam genutzt werden darf ...".

Im gleichen Zusammenhang ist auch die Entscheidung des OLG Zweibrücken vom 22.02.2000 (5 UF 82/99, abgedruckt in FamRZ 2000, 1418) zu verstehen. Hier stellt das Gericht fest, dass „die Ehegatten innerhalb der gemeinsamen Wohnung nicht getrennt leben, wenn sie einvernehmlich mit teils arbeitsteiliger Gestaltung bei fortschreitender Verselbstständigung der jeweiligen Lebensverhältnisse die eheliche Lebensgemeinschaft gewissermaßen auslaufen lassen. Ein wesentliches Indiz für eine solche den Grad der Unerheblichkeit übersteigende gemeinsame Wirtschaftsführung ist, dass die Mittel zum Lebensunterhalt bis zur räumlichen Trennung in Form des sogenannten Familienunterhalts i. S. von § 1360 BGB bereitgestellt werden."

Diese Urteile geben Aufschluss darüber, dass die Anforderungen an das Getrenntleben in der gemeinsamen Wohnung hoch sind. Allein aus diesen Gründen ist es wichtig, peinlich genau auf die Einhaltung der Regeln zu achten.

Praxis-Tipp:

Wenn Sie innerhalb der Wohnung ein Getrenntleben mit Ihrer Ehefrau vereinbaren wollen, dann halten Sie dies schriftlich fest.

Achten Sie darauf, dass

- Sie gemeinsam mit Ihrer Ehefrau nur Küche/Keller/Vorratskammer/Waschraum/Bad/WC und ähnliche Versorgungsräume nutzen,

- Sie unter keinen Umständen eine Haushaltskasse führen dürfen,

- Sie sich nicht beim Waschen, Bügeln oder Kochen oder der sonstigen Haushaltstätigkeit abwechseln. Jeder muss sich um seine Angelegenheiten selbst kümmern.

2

Versuchen Sie so zu leben, als wären Sie in einer anderen Wohnung. Sorgen Sie für räumliche Zuweisung, wo dies möglich ist (Regale im Keller/Vorratsraum etc.).

Verwahren Sie die Sie betreffenden Dokumente in Ihrem Zimmer/Ihrem abschließbaren Schrank oder bei einer Vertrauensperson.

Es genügt allerdings nicht, einen Scheidungsantrag auf den Ablauf des Trennungsjahres, die Zustimmung des Antragsgegners und die nicht ausgeführte Behauptung der Zerrüttung der Ehe zu stützen. Der Antragsgegner muss entweder die Zerrüttung der Ehe nach § 1561 Abs. 1 BGB im Einzelnen darlegen (Zerrüttungsscheidung) oder gehaltvoll die Voraussetzung vortragen, die für das Scheitern der Ehe als Voraussetzung erforderlich sind.[1]

---

[1] OLG Saarbrücken Urteil vom 14.09.2009 – Az.: 6 WF 98/09

Die Kinder

3

Wer behält die Kinder?

In diesem Buch werden ausschließlich die Fälle angesprochen, in denen es um gemeinschaftliche Kinder geht, wobei hier unerheblich ist, ob das gemeinschaftliche Kind vor oder nach der Eheschließung zur Welt gekommen ist.

3

Seit dem Kindschaftsrechtsreformgesetz vom 16.12.1997 (BGBl. I S. 2942) verbleibt es grundsätzlich bei der gemeinsamen Sorge.

Es ist in den meisten Fällen auch heute so, dass die Kinder bei der Mutter verbleiben, auch wenn die Eltern während der Ehe beide berufstätig waren. Der Verbleib beim Vater ist denkbar, dies muss jedoch zunächst dem Kindeswohl entsprechen.

> **Praxis-Tipp:**
> Sollten Sie daher die Absicht haben, sich von Ihrer Ehefrau zu trennen, sollten nicht Sie aus der Familienwohnung ausziehen, sondern darauf hinwirken, dass Ihre Ehefrau dies tut.

Der Grund hierfür liegt darin, dass in kritischen Situationen das Auge des Familiengerichts auf dem sogenannten „Kindeswohl" liegt. Dieses wird durch die Begriffe der „Kontinuität" und „Stabilität" geprägt; die Kinder sollen dort verbleiben können, wo ihr üblicher Aufenthaltsort ist.

Der Schulbesuch sowie das soziale und sportive Umfeld können hierfür Kriterien sein, die bei einer beabsichtigten räumlichen Trennung unbedingt berücksichtigt werden müssen.

Der Gesetzgeber hat mit § 154 FamFG einer weiteren Entwicklung Rechnung getragen, die den Fall betrifft, wenn die Ehefrau ohne Erlaubnis des Ehemannes mit den gemeinschaftlichen Kindern einen neuen gewöhnlichen Aufenthalt begründet. Nach dem Willen des Gesetzgebers soll es bei der Zuständigkeit des vorherigen Familiengerichts bleiben.

3

Beispiel: _____

Herr Stern und Frau Sonne haben 2007 geheiratet, sie leben gemeinsam mit ihrer Tochter Lilian in Naumburg. Als die Ehe nicht mehr fortführbar erscheint, trennt sich Frau Sonne von ihrem Ehemann und zieht während einer seiner Dienstreisen mit der gemeinsamen Tochter nach Köln. Dort will sie nun einen Antrag auf Übertragung des alleinigen Sorgerechts stellen.

Herr Stern – gut beraten – rügt die Zuständigkeit des Familiengerichts in Köln und weist diesem nach, dass es nie zu einer übereinstimmenden Veränderung des Wohnsitzes für Lilian gekommen ist. Das Familiengericht Köln ist von den Ausführungen des Kindesvaters überzeugt und verweist nunmehr das Verfahren an das vormals und nun wieder zuständige Familiengericht in Naumburg, das jetzt – unter anderem auch – die Frage des Umzugs der Mutter und Tochter nach Köln beurteilen muss.

Wichtig: Die Entscheidung über die Verweisung an das vorherige Gericht ist gemäß §§ 3, 154 FamFG nicht anfechtbar, das heißt, es gibt kein Rechtsmittel!

Sorgerecht während der Dauer der Trennung

Solange keiner der Elternteile einen Antrag auf Übertragung des Sorgerechts stellt, verbleibt es auch für die Zeit der Trennung bei der gemeinsamen Sorge. Hier ist darauf hinzuweisen, dass viele Väter sich des Umfangs der elterlichen Sorge nicht bewusst zu sein scheinen. Sie haben aus dieser elterlichen Sorge nämlich vielfältige Rechte:

- Vermögenssorge, wie jede Verfügung über Sparkonten, Versicherungen und Anlagemöglichkeiten für ihre Kinder

- Personensorge, die ihnen das Recht und die Pflicht gibt, für die Gesundheit ihres Kindes zu sorgen; das bedeutet, dass sie mit ihm zum Kinderarzt/Zahnarzt/Krankenhaus gehen können

Die Kinder

und dort überall Einsicht in die Akten erhalten, solange ihnen und ihrer Ehefrau das gemeinsame Sorgerecht zusteht

- der vielleicht wichtigste Teilbereich – das Recht, den Aufenthaltsort des Kindes zu bestimmen

3 Vermögenssorge

Die Vermögenssorge für Ihr Kind umfasst das Recht und die Pflicht, für das Vermögen Ihres Kindes zu sorgen. Diese Vermögenssorge erstreckt sich grundsätzlich nicht auf Vermögen, welches das Kind durch einen Nachlass oder durch eine Schenkung erhält, wenn der Erblasser oder der Schenker bei der Zuwendung festhält, dass die Eltern von der Vermögenssorge ausgeschlossen sein sollen.

Dabei kann der Erblasser/Schenker entweder bestimmen, dass nur ein Elternteil ausgeschlossen sein soll oder dass beide Elternteile von der Verwaltung des Vermögens ausgeschlossen sein sollen.

Im ersteren Fall bedeutet dies, dass der jeweils andere Elternteil berechtigt ist, die Vermögenssorge auszuüben, für den Fall jedoch, dass beide Elternteile von der Vermögensverwaltung ausgeschlossen sein sollen, wird die Verwaltung dem Familiengericht angezeigt, das dann einen Pfleger bestellt.

Personensorge

Gemäß § 1631 BGB umfasst die Personensorge das Recht und die Pflicht, das Kind zu pflegen, zu erziehen, zu beaufsichtigen und seinen Aufenthalt zu bestimmen. Das Recht, seinen Aufenthalt zu bestimmen, wird nachstehend gesondert besprochen, da es für familienrechtliche Verfahren von besonderer Wichtigkeit ist.

Es ist ansonsten auch während der Trennung Ihr Recht, Einfluss zu nehmen auf die Erziehung der gemeinschaftlichen Kinder. Hierzu gehört die Religionsausübung, der Sport, die Unterhaltungsmöglichkeiten sowie ganz vorrangig auch die Wahl der Schule und die Ausübung der hiermit verbundenen Pflichten. Dies bedeutet, dass Sie auch im Fall der Trennung jederzeit die Möglichkeit haben und haben müssen, Auskünfte von Lehrern einzuholen und Erklärungen über schulische Leistungen anzufordern.

Auch eine Anmeldung an einer anderen Schule/zu einer anderen Religion oder einer Sportvereinigung bedarf grundsätzlich Ihrer Zustimmung. Dies gilt auch für die später noch anzusprechenden sogenannten Schulreisen.

3

Praxis-Tipp:

Sollte Ihre Ehefrau Sie über die Veranstaltungen in der Schule nicht oder nicht regelmäßig informieren, sollten Sie bei der Schule vorsprechen. Teilen Sie der Schule mit, dass Sie getrennt von Ihrer Ehefrau leben, aber weiterhin das gemeinsame Sorgerecht ausüben und auch beabsichtigen, dies fortzusetzen. Zeigen Sie sich engagiert und bitten Sie darum, auch über die Veranstaltungen der Schule informiert zu werden.

Häufig herrscht bei den Vätern die Meinung, ihnen stünden ohnehin weniger Rechte zu als den Müttern, sodass sie diesen Vorstoß gar nicht erst wagen. Tatsächlich ist es jedoch so, dass auch die Familiengerichte oftmals anregen, der Vater möge sich selbstständig kümmern. Um der Gefahr vorzubeugen, dass Ihre Ehefrau zu einem späteren Zeitpunkt die Übertragung der elterlichen Sorge auf sich allein beantragt, weil „Sie sich ohnehin für nichts interessieren", sollten Sie dies bereits rechtzeitig berücksichtigen.

Von diesem Teilbereich der Personensorge umfasst ist auch das Gesundheitsvorsorgerecht. Das bedeutet, dass Sie auch bei kostenintensiven Maßnahmen Ihre Zustimmung erteilen müssen. Besonders interessant ist die Frage nach kieferorthopädischen Behandlungen, die im Falle des Getrenntlebens nicht immer mit dem Vater abgesprochen werden.

3

> **Praxis-Tipp:**
>
> Sollten Sie von einer kieferorthopädischen Behandlung Ihres Kindes erfahren, bietet es sich an, beim Kieferorthopäden gemeinsam mit dem Kind vorzusprechen, damit dieser erläutern kann, wie sich sein Heilkostenplan entwickeln wird. Dies ist insbesondere wichtig, weil Sie sich an den Kosten beteiligen müssen.

Aufenthaltsbestimmungsrecht

Das Aufenthaltsbestimmungsrecht ist der nach Änderung des Kindschaftsrechts „umstrittenste" Punkt im Zusammenhang mit den Kindern.

Tatsächlich ist es nämlich so, dass die elterliche Sorge zu einem wesentlichen Teil ausgehöhlt ist, wenn einem der beiden Eltern das Recht übertragen wurde, gemäß § 1631 Abs. 1 BGB „seinen Aufenthalt zu bestimmen".

Dieses betrifft grundsätzlich die Bestimmungen von Wohnort und Wohnung und umfasst damit auch das Recht, das Kind im Internat oder bei den Großeltern unterzubringen. Die Ausübung dieses Aufenthaltsbestimmungsrechts fixiert den Lebensmittelpunkt des Kindes. Dies beinhaltet auch die Fälle, in denen Ausweisdokumente erstellt werden müssen, denn derjenige, dem das Aufenthaltsbestimmungsrecht zusteht, hat auch das Recht, die zur „Fortgewährung" notwendigen Unterlagen zu beantragen.

> **Praxis-Tipp:**
>
> Das Aufenthaltsbestimmungsrecht wird immer dann auf die Mutter übertragen, wenn diese bei Gericht glaubhaft machen kann, dass eine Einigung über den Aufenthaltsort mit Ihnen als Vater nicht zu erreichen sei. Häufige Begründung ist hierbei der Kommunikationsabbruch.

Sie sollten zu jedem Zeitpunkt der Trennung darauf achten, dass eine Kommunikation über die Kinder mit Ihrer Ehefrau möglich ist. Dies kann auch dadurch geschehen, dass Sie sich auf eine bestimmte Art der Verständigung einigen. Hier ist auch eine Verständigung per E-Mail möglich, sofern ein vernünftiger Zeitrahmen gewährleistet ist.

3

Wichtig: Ab dem Zeitpunkt, ab dem Sie das Aufenthaltsbestimmungsrecht freiwillig (indem Sie dem Antrag Ihrer Ehefrau zugestimmt haben) oder unfreiwillig (durch gerichtliche Entscheidung) verloren haben, entscheidet Ihre Ehefrau, wann Sie das Kind zurückbringen müssen. Sollten Sie sich hieran nicht halten, liegen u. U. die Voraussetzungen für

■ eine Rückführung unter Zuhilfenahme der Polizei vor oder

■ eine Überprüfung unter strafrechtlichen Gesichtspunkten wegen des Verdachts der Kindesentführung wird möglich.

Sämtliche der vorgenannten Teilbereiche der elterlichen Sorge können seit der Einführung des Kindschaftsrechtsreformgesetzes zum 01.07.1998 auch getrennt übertragen werden. Es ist daher möglich, nicht nur das Aufenthaltsbestimmungsrecht, sondern auch die Vermögenssorge sowie Fragen zum Schulbesuch, zur Gesundheit oder ärztlichen Behandlung allein zu übertragen.

Aus diesem Grund sieht der Gesetzgeber vor, dass auch für den Fall der unmittelbaren Notwendigkeit ein vorläufiger Rechtsschutz zu gewähren ist. Der häufigste Fall hier in der Praxis ist sicherlich der Antrag des Elternteils auf Übertragung des Aufenthaltsbestimmungsrechts für ein gemeinsames Kind. Dieser Antrag sollte unbedingt unter anwaltlicher Betreuung erfolgen, da die notwendigen Beweismittel sorgfältig beigefügt werden müssen. Den Antrag können beide Elternteile zu jedem Zeitpunkt der Trennung stellen.

Verfahrensbeteiligt an dieser Entscheidung, die allerdings nur im Ausnahmefall ohne mündliche Verhandlung ergeht, ist das Jugendamt, wobei wir nunmehr bei der nächsten Frage wären.

Jetzt schon zum Jugendamt?

Diese Frage zu beantworten ist sicherlich nicht einfach. Das Jugendamt ist seit der Einführung des Kindschaftsrechtsreformgesetzes notwendiger Beteiligter an jedem Verfahren über das Sorge- oder Umgangsrecht. Zu diesem Zweck wurden diverse und diffuse Familienhilfemöglichkeiten geschaffen, die nicht immer das Ziel erreichen. Die Grundidee der Reform war, das gemeinsame Sorgerecht für gemeinsame Kinder so lange wie möglich beizubehalten.

Aus diesem Grund soll der mit einem Sorgerechtsverfahren befasste Richter nach §§ 159, 160 FamFG die Beteiligten so früh wie möglich anhören (deswegen gibt es nur in ganz besonderen Fällen keine mündliche Verhandlung) und auf bestehende Beratungsmöglichkeiten hinweisen. In diesem Zusammenhang wird auch das Jugendamt angehört, das mit den Eltern ein gemeinsames Konzept entwickeln soll.

In vielen OLG-Bezirken[2] entwickeln sich Modelle der interdisziplinären Zusammenarbeit zwischen den Jugendämtern, den Gerichten und teilweise auch den Eltern. Diese Art der Kooperation wurde durch das Inkrafttreten des FamFG massiv gestützt. Nunmehr gilt die erste Aufgabe des Gerichts, dem Beschleunigungsgebot in § 155 FamFG zu entsprechen und binnen eines Monats nach Antragseinreichung zu terminieren, um den Beteiligten vorrangig die Möglichkeit zu einer einvernehmlichen Lösung zu verschaffen. In vielen Gerichten ist es sogar üblich geworden, Verfahrenskostenhilfe nur dann zu bewilligen, wenn nachgewiesen wird, dass eine zuvor außergerichtliche versuchte Einigung gescheitert ist.

In den Kooperationsmodellen nimmt der zuständige Jugendamtsmitarbeiter Kontakt zu den Eltern auf, führt mit ihnen Gespräche und vermittelt – soweit möglich und erforderlich – bereits einen ersten Termin in der örtlichen Beratungsstelle. Im Termin vor Gericht wird anschließend mündlich darüber berich-

---

[2] „Cochemer Modell", Kölner Fachkreis Familie, Münchener Modell, Berliner Beschleunigtes Familienverfahren, etc., Aufzählung nicht abschließend

tet, zu welchen Ergebnissen die Elterngespräche führten und wie die Situation eingeschätzt wird. Vorrangigstes Ziel der neuen Gesetzeslage ist, bereits im ersten Gerichtstermin eine Regelung zwischen den Parteien zu finden. Gelingt dies nicht, soll zumindest das Umgangsrecht im Wege der einstweiligen Anordnung geregelt werden, damit ein zu langer Kontaktabbruch vermieden werden kann.

3

Auch gilt nicht länger der Grundsatz, dass der finanziell schwächere Elternteil immer dann Verfahrenskostenhilfe bekam, wenn der andere anwaltlich vertreten war („Prinzip der Waffengleichheit").[3]

> **Praxis-Tipp:**
>
> Sobald Sie sich mit der Frage einer Trennung befassen, ob diese nun bevorsteht oder bereits erfolgt ist, sollten Sie sich mit dem Jugendamt in Verbindung setzen, das für Sie zuständig ist. Die Zuständigkeit des Jugendamts richtet sich dabei nach dem Wohnsitz der Kinder.

Wichtig: Auch vor der Trennung von Ihrer Ehefrau besteht ein Anspruch auf Beratung gemäß § 17 Abs. 2 SGB VIII. Sie können durch eine engagierte Zuarbeit beim Jugendamt häufig verhindern, dass das Familiengericht Ihrer Ehefrau das Aufenthaltsbestimmungsrecht überträgt.

Berücksichtigen sollten Sie an dieser Stelle jedoch grundsätzlich auch, dass Kinder durch gerichtliche Auseinandersetzungen der Eltern in ihrer Entwicklung beeinflusst werden können, sodass trotz der sogenannten taktischen Ratschläge das Kindeswohl einen entscheidenden Aspekt für Ihre Vorgehensweise bilden sollte.

Häufig hat auch die Übertragung des Aufenthaltsbestimmungsrechts auf die Kindesmutter eine Befriedungswirkung auf diese.

---

[3] OLG Celle Urteil vom 15.02.2010 – Az.: 10 WF 59/10

Sie fühlt sich nunmehr sicherer, und wenn es Ihnen gelingen sollte, in diesem Zusammenhang eine vernünftige Vergleichsregelung über den Umgang zu treffen, hätten Sie im Endergebnis unter Umständen mehr erzielt.

3 Wie oft können Sie Ihre Kinder sehen?

Ein richtiges Umgangsrecht entsteht erst dann, wenn die elterliche Sorge einem der Elternteile übertragen wurde. Das Umgangsrecht ist damit praktisch das „Gegenstück" zum Sorgerecht. Solange Ihnen gemeinsam mit Ihrer Ehefrau das Aufenthaltsbestimmungsrecht zusteht, können Sie dies im übereinstimmenden Einverständnis nämlich auch gemeinsam festlegen. Dann wird diese „Ausübung des Aufenthaltsbestimmungsrechts" häufig auch als Umgangsrecht bezeichnet.

Sowohl das tatsächliche Umgangsrecht als auch das einvernehmliche Regeln der Umgangstermine bei bestehender gemeinsamer Sorge richtet sich grundsätzlich nach dem von der Rechtsprechung entwickelten Grundsatz und damit am Alter des Kindes sowie an den individuellen Situationen.

Grundsätzlich ist der Umgang in § 1684 BGB geregelt; dort findet sich in Abs. 1 die Formulierung, dass jeder Elternteil „zum Umgang mit dem Kind verpflichtet und berechtigt" ist.

Hieraus resultiert nun auch das Recht des Kindes, Umgang mit jedem Elternteil zu haben. Die Durchsetzung dieses Umgangsrechts ist freilich schwierig, weil zumindest kleine Kinder in den seltensten Fällen in der Lage sind, ihre Rechte auch auszuüben.

Es bleibt daher in den Fällen, in denen die Kindesmutter den Umgang verweigert, nur die Möglichkeit, gerichtliche Hilfe zu suchen und diese gerichtliche Hilfe mit Zwangsmaßnahmen versehen zu lassen. Die Zwangsmittel, die der Gesetzgeber hier vorsieht, sind in der Regel die Anordnung von Ordnungsgeldstrafen, wobei in einigen Kreisen auch die zwangsweise Durchsetzung von Umgangsregelungen als Anspruch des Kindes auf Umgang mit beiden Elternteilen gesehen werden kann.[4]

---

[4] BVerfG Urteil vom 01.04.2008 – Az.: 1 BvR 1620/04

So soll grundsätzlich zuerst die Vermittlung zwischen den Beteiligten versucht werden. In bestimmten Fällen habe auch der umgangsverweigernde Elternteil Schadensersatz zu leisten. Ebenso könne durch Verwirkung des Unterhaltsanspruchs gemäß § 1579 Nr. 7 sowie durch Androhung der Entziehung des Sorgerechts nach § 1666 BGB oder der Neuregelung des Sorgerechts gemäß §§ 1671, 1696 BGB Druck erzeugt werden.

3

Im FamFG gibt es nun statt eines Zwangsmittels die Möglichkeit eines Ordnungsmittels, welches die Effektivität der Vollstreckung steigern solle. § 86 Nr. 2 FamFG beseitigt nun die Unklarheit, welche nach früherem Recht bei Vergleichen bestand. Auch findet sich in § 91 FamFG ebenso eine eindeutige Vorschrift für Wohnungsdurchsuchungen. Besonders wichtig ist hierbei allerdings, das Kindeswohl im Auge zu behalten.

Ist das Kind etwas älter, besteht die Möglichkeit, dass es selbst einen Verfahrenspfleger bestellt, welcher gemäß § 158 FamFG seine Rechte im Verfahren gegenüber beiden Elternteilen wahrnimmt. Damit kann auch ein Kind, das bei der Mutter lebt, die Durchsetzung seines Umgangsrechts erreichen, auch wenn dies gegen deren Willen geschieht.

Dem kleineren Kind kann gegebenenfalls durch die Einsetzung eines Umgangspflegers geholfen werden.

Betreuter Umgang

Ein anderes Mittel, einen „Mindestumgang" mit Ihrem Kind zu erreichen, ist die Möglichkeit des sogenannten „betreuten Umgangs", die immer dann in Erwägung gezogen wird, wenn der „freie" Umgang nicht möglich ist. Gründe hierfür können sein, dass

- die Kinder unter Trennungswirkungen leiden,
- ein Elternteil sich jeder Regelung gegenüber sperrt oder
- ein Elternteil sich nicht an getroffene Regelungen hält.

> **Praxis-Tipp:**
> Es bietet sich immer an, hinsichtlich der Umgangsregelungen als kooperativ und zuverlässig in den Vordergrund zu treten.

3

Versuchen Sie pünktlich zu sein und – sofern die Kindesmutter den Umgang erschwert – auch Zeugen mitzunehmen. Diese können dann das Verhalten der Kindesmutter beweisen.

Umfang des Umgangsrechts

Die Rechtsprechung hat zum Umfang des Umgangsrechts des Elternteils, bei dem die Kinder nicht ihren ständigen Aufenthalt haben, Grundsätze entwickelt, an denen sich die Gerichte und Jugendämter bei ihren Vorschlägen gerne orientieren.

Sofern keine besonderen Probleme auftreten, kann von einem „Mindestmaß" nachfolgenden Regelumgangs bei einem Kind ausgegangen werden, das das fünfte Lebensjahr vollendet hat:

- jedes zweite Wochenende von Freitag- bis Sonntagabend
- der zweite hohe Feiertag (das heißt der 26. Dezember und der Ostermontag)
- die Hälfte der Sommerferien
- in der Regel entweder die Oster- oder die Herbstferien

 Wichtige Gerichtsentscheidung
Anders sieht es freilich aus, wenn das Kind sehr klein oder in besonderem Maße betreuungsbedürftig ist. So hat das AG Eschwege am 09.06.2000 (Az.: 5 F 649/99, abgedruckt in FamRZ 2001, 1162) begründet, dass der Ort und der zeitliche Umfang der Umgangskontakte (hier: des Vaters mit dem zweijährigen Kind) dem Alter und dem Entwicklungsstand des Kindes anzupassen (hier: alle zwei Wochen drei Stunden Kontakt in der Wohnung der Mutter) sind.

Gerade hier kommt aber den Empfehlungen des Sozialarbeiters des Jugendamtes oder dem Verfahrensbeistand große Bedeutung zu, da gerade bei kleinen Kindern häufigere Kontakte zunehmend als notwendig angesehen werden, um zu verhindern, dass der nicht betreuende Elternteil auf Wochenenden reduziert wird.[5]

Kosten des Umgangs

Die Kosten des Umgangs trägt der Umgangsberechtigte. Wenn Sie zustimmen, dass Ihre Ehefrau mit den Kindern in eine andere Stadt zieht, sollten Sie immer berücksichtigen, dass dies für Sie die größere Kostenlast bedeutet, die Sie (außer eventuell in der Steuererklärung) an keiner Stelle geltend machen können!

Allerdings kann dies bei der Verteilung des staatlichen Kindergeldes berücksichtigt werden, indem Sie beispielsweise vereinbaren, dass statt der üblichen Hälfte des Kindergeldes nur drei Viertel in Abzug gebracht werden.

Wichtig: Bedenken Sie Hotel-, Reise- und Verpflegungsmehraufwendungen! Auch Kosten für Unterhaltung und Restaurant können den Umgang mit den eigenen Kindern erschweren.

---

[5] Wenn die gemeinsam sorgeberechtigten Eltern bis zur Trennung mit dem Kind zusammengelebt haben und auch nach der Trennung in derselben Stadt wohnen, kann es dem Wohl eines zweijährigen Mädchens dienen, mit seinem umgangsberechtigten Vater neben Umgängen an einem vollen Tag am 2. bis 5. Wochenende jedes Monats, auch in der Woche einen Kurzumgang von anderthalb Stunden zu haben ("Spielplatz- oder Spazierumgang"), so AG Saarbrücken Urteil vom 04.03.2003 – Az.: 39 F 14/03 UG.

Der Kindesunterhalt

4

Welche Unterhaltsarten gibt es?

Wichtig ist zuallererst, dass der Kindesunterhalt ein Anspruch ist, der dem Kind zusteht, und zwar aufgrund der Verwandtschaft mit den Eltern.

Folgende Unterscheidungen sind zu treffen:

■ Unterhalt für das minderjährige Kind

■ Unterhalt für das volljährige Kind

■ Geltendmachung des Unterhaltsanspruchs

   – bei Trennung

   – nach der Scheidung

Minderjähriges Kind

Das minderjährige Kind unterfällt dem besonderen Schutz des Gesetzes. Dies hat der Gesetzgeber an verschiedenen Stellen im Familienrecht verankert.

Beim minderjährigen Kind wird unterschieden zwischen Betreuungs- und Barunterhalt:

Betreuungsunterhalt bedeutet die tatsächliche Versorgung des Kindes mit Wohnraum, Kleidung, Nahrung und Pflege im Krankheitsfall.

Dieser Betreuungsunterhalt wird in der Regel durch den Elternteil erbracht, bei dem das Kind seinen Aufenthalt hat.

Die andere, bekanntere Art, Unterhalt zu leisten, ist durch Zahlung einer Geldrente. Sie ist monatlich im Voraus zu entrichten und wird in der Regel an den betreuenden Elternteil gezahlt. Barunterhaltspflichtig ist der Elternteil, bei dem das Kind nicht seinen Wohnsitz hat.

Die Betonung liegt hierbei auf dauernden Wohnsitz, da eine Urlaubsreise, auch wenn sie über einen Monat ginge, noch nicht rechtfertigt,die Barunterhaltszahlung einzustellen. Der Grund hierfür ist, dass die Rechtsprechung der Auffassung ist, dass der Elternteil, der das Kind betreut, durch den Barunterhalt, den er für das Kind erhält, auch auf bestimmte Situationen ansparen können soll. Deswegen ist der Unterhalt unabhängig von dem Umstand, dass Sie häufig für das Kind auch Bekleidung kaufen und es an den Umgangswochenenden auch ernähren werden, in voller Höhe zu zahlen.

Volljähriges Kind

Hier gibt es eine Unterscheidung, die zuvor zu berücksichtigen ist. Die Rechtsprechung unterscheidet:

- volljährige Kinder
- privilegierte volljährige Kinder

4

Dabei sind privilegierte volljährige Kinder solche, die zwar volljährig sind, jedoch noch im Haushalt mindestens eines Elternteils leben und sich in der allgemeinen Schulausbildung befinden. Hierunter fällt jedoch auch eine höhere Berufsfachschule oder höhere Handelsschule.

Gemeinsam mit dem privilegierten volljährigen Kind hat das nicht privilegierte volljährige Kind die Besonderheit, dass nunmehr beide Eltern barunterhaltspflichtig sind. Das bedeutet, dass der zuvor von einem Elternteil (häufig der Mutter) erbrachte Betreuungsunterhalt nunmehr durch diese im Rahmen ihrer Möglichkeiten auch durch Barunterhalt zu leisten ist.

In der Regel bedeutet das, dass die Kindesmutter sich darauf berufen wird, dass ihr Einkommen unter dem sogenannten Selbstbehalt liegen wird, sodass Sie als barunterhaltspflichtiger Vater weiterhin die volle Höhe des Barunterhaltes entrichten werden müssen.

Sollte die Kindesmutter jedoch auch ein Einkommen erzielen, welches über dem Selbstbehalt liegt, ist dieses prozentual ins Verhältnis zum Einkommen des Kindesvaters zu setzen, insoweit wird dann der Barunterhaltsanspruch des volljährigen Kindes reduziert.

Geltendmachung des Kindesunterhaltes nach Trennung und Scheidung

Gemäß § 1629 Abs. 3 BGB können Unterhaltsansprüche des Kindes durch den einen Elternteil gegen den anderen Elternteil nur im eigenen Namen geltend gemacht werden, solange die

Eltern getrennt leben oder eine Ehesache zwischen ihnen anhängig ist.

Das bedeutet nichts anderes, als dass bei Klageerhebung Vorsicht geboten ist:

- *Vor der Rechtskraft der Ehescheidung* klagt der betreuende Elternteil in eigenem Namen für das Kind.

4

- *Nach der Rechtskraft* der Ehescheidung klagt das Kind in seinem Namen, gesetzlich vertreten durch den betreuenden Elternteil.

Welches Einkommen ist unterhaltsrechtlich relevant?

Das sogenannte unterhaltsrechtlich relevante Einkommen ist an keiner Stelle im Gesetz formuliert. Es ergibt sich vielmehr aus den vom Bundesgerichtshof entwickelten Grundsätzen sowie den von den Oberlandesgerichten und ihren unterhaltsrechtlichen Senaten weiterentwickelten Leitlinien, die stellvertretend für die anderen Bundesländer diesem Buch als die Leitlinien der unterhaltsrechtlichen Senate des Oberlandesgerichts Düsseldorf im Anhang beigefügt sind.

Beschäftigt man sich jedoch mit der Feststellung des Einkommens, so wird in der Regel auf die Einkommensart nach dem Einkommensteuergesetz zurückgegriffen. Dieser Steuerpflicht gemäß § 2 Abs. 1 EStG unterliegenden Einkommensarten lauten wie folgt:

- Einkünfte aus Land- und Forstwirtschaft
- Einkünfte aus Gewerbebetrieb
- Einkünfte aus selbstständiger Arbeit
- Einkünfte aus nichtselbstständiger Arbeit
- Einkünfte aus Kapitalvermögen
- Einkünfte aus Vermietung und Verpachtung
- sonstige Einkünfte im Sinne des § 22 EStG

In den meisten Fällen sind gerade die Einkünfte aus nichtselbstständiger Arbeit relativ einfach zu ermitteln, häufig ist jedoch unbekannt, dass auch die nachfolgenden finanziellen Vorteile sich unterhaltsrechtlich auswirken:

- sogenannte Lohnnebenleistungen wie Trinkgeld, Tantieme, Gratifikation, Erfinderbeteiligung, Leistungsprämien oder sonstige Zuschläge wie Vergütungen für Nacht- und Sonntagsarbeit, Schmutz- und Schwerarbeit oder Mehrarbeit

- Zahlungen, die vom Arbeitgeber geleistet werden als Reisekosten oder Spesen (in der Regel mit einem Pauschalsatz von 30 % des Zahlbetrages)

- sogenannte Sachbezüge mit geldwertem Vorteil wie Dienstwohnung, Jahreswagen, Prämienmeilen, Reisen, Fahrtkostenzuschüsse, Essenszuschüsse oder Firmenaktienbezugsrechte

- Steuervorteile durch Direktlebensversicherungen

- andere Einkünfte aus Liebhaberei, Vermögen (Kredite, die an andere vergeben werden), Einkünfte aus Erbschatten u. Ä. und nicht zuletzt für den Fall, dass die vorgenannten Einkommensarten nicht zutreffen

- sämtliche sozialen Leistungen mit Lohnersatzfunktion oder Unterstützungsfunktion wie beispielsweise Arbeitslosengeld, Krankengeld, Kurzarbeitergeld, Insolvenzgeld, Mutterschaftsgeld, Alters-, Berufsunfähigkeits- oder Erwerbsunfähigkeitsrente, Elterngeld, Wohngeld

Wie Sie aus der vorstehenden Auflistung entnehmen können, ist praktisch jeder tatsächliche oder geldmessbare Vorteil für den Unterhalt relevant.

Müssen Sie alle Einkünfte bekannt geben?

Dem Kind steht nach § 1605 BGB ein umfassender Auskunftsanspruch zu, dem die Gerichte grundsätzlich entsprechen, sofern er nicht vor dem gerichtlichen Verfahren durch Sie bereits erfüllt wird.

Freilich ist ein Auskunftsurteil in der Praxis schwierig zu vollstrecken, denn die Auskünfte kann nur der erteilen, der zur Auskunft verpflichtet wurde.

Der Kindesunterhalt

Wichtig: Da der Auskunftsanspruch auf Antrag hinsichtlich seiner Vollständigkeit und Richtigkeit durch die Abgabe der eidesstattlichen Versicherung bekräftigt werden kann, sollten Sie vor der Erklärung über die Vollständigkeit und die Wahrheit dieses Anspruchs sämtliche Angaben überprüfen.

Nicht wenige Staatsanwaltschaften sind mit der Überprüfung dieser Angaben in familienrechtlichen Verfahren befasst.

4

Die Folgen können mindestens empfindliche Geldstrafen sein.

Welche Schulden werden berücksichtigt?

Da der Kindesunterhalt dem besonderen Schutz des Gesetzes unterliegt, muss bei der Beurteilung, ob eine Schuld berücksichtigungswürdig ist, eine Abwägung mindestens nach den vorgenannten Kriterien erfolgen:

- Zweck der Verbindlichkeit
- Zeitpunkt und Art der Entstehung
- Grund und Höhe

Wichtig: Grundsätzlich gilt, dass die Verbindlichkeiten, die während oder wegen der Ehe aufgenommen werden, berücksichtigungsfähig sein dürften.

Praxis-Tipp:

Sollten Sie Schulden für Wohnungs- oder Hauseigentum haben, kommt eine Anrechnung in der Regel nur dann in Betracht, wenn das finanzierte Heim den familiären Wohnbedürfnissen diente.

Eine Kapitalanlage ist in der Regel nicht berücksichtigungswürdig.

Bereits an dieser Stelle erfolgt ein besonderer Hinweis auf eine Gesetzesänderung, die zum 01.01.2001 für minderjährige Kinder in Kraft getreten ist:

Entgegen der früher üblichen Praxis, wonach in den Fällen geringen Einkommens oder hoher Belastungen auch eine niedrige Unterhaltszahlung für die Kinder in Frage kam, ist durch das „Gesetz zur Ächtung der Gewalt in der Erziehung und zur Änderung des Kindesunterhaltsrechts" (BGBl. I S. 1479) das sogenannte Existenzminimum des minderjährigen Kindes festgelegt worden. Als Unterhaltspflichtiger müssen Sie danach Ihre Arbeitskraft entsprechend Ihrer Vorbildung, Ihren Fähigkeiten und der Arbeitsmarktlage in zumutbarer Weise bestmöglich einsetzen; soweit Sie keine Arbeit haben, müssen Sie sich ausreichend um Arbeit bemühen.

4

Im Ergebnis bedeutet das, dass Sie relativ unabhängig von der Höhe Ihres Einkommens und der Schulden verpflichtet sein könnten, den sogenannten Mindestunterhalt zu zahlen.

Wichtig: Wegen der gleichzeitig eingeführten vereinfachten Möglichkeit zur Abänderung von Unterhaltstiteln sollten Sie sich hier dringend mit einem Rechtsanwalt besprechen, sofern Sie der Auffassung sein sollten, dass hier eine andere Berücksichtigung Ihres Einkommens und Ihrer Verpflichtungen erfolgen sollte. Ihr Rechtsanwalt wird Sie dann darüber informieren können, ob es sinnvoll ist, sich auf einen kostenintensiven Rechtsstreit einzulassen oder ob die bislang relativ stringente Rechtsprechung[6] zu dieser Frage hingenommen werden soll.

Was bedeutet die Düsseldorfer Tabelle?

Die Düsseldorfer Tabelle gibt die durch die wirtschaftliche Situation der Bundesrepublik wiedergegebene Bedarfssituation der Kinder wieder, wobei die Festsetzung durch das Bundesministeri-

---

[6] Brandenburgisches OLG Urteil vom 07.01.2010 – Az.: 9 UF 127/08: Der Unterhaltsverpflichtete ist für seine tatsächliche Leistungsfähigkeit darlegungs- und beweisbelastet. Soweit er dieser Verpflichtung nicht ausreichend nachkommt, kann er sich nicht auf seine fehlende Leistungsfähigkeit bei der Ermittlung des Unterhaltsanspruchs berufen.

um der Justiz in Zusammenarbeit mit den Familiensenaten bei den Oberlandesgerichten erfolgt.

Der Name der Düsseldorfer Tabelle ergibt sich aus dem Umstand, dass es zunächst die familienrechtlichen Senate des Oberlandesgerichts Düsseldorf waren, die eine tabellarische Darstellung des Bedarfs von Kindern erarbeiteten. Der Hintergedanke war, dass § 1610 Abs. 1 BGB anordnet, dass das Maß des Unterhalts sich nach der Lebensstellung des Kindes zu richten hat.

Dabei hat das minderjährige Kind noch keine eigene Lebensstellung, sondern leitet sie von den Eltern ab. Daher resultiert auch die häufige Formulierung nach der „Teilhabe am Einkommen der Eltern".

Wegen der bereits zuvor erläuterten Aufteilung in Bar- und Betreuungsunterhalt und dessen fingierter Gleichwertigkeit richtet sich das Maß des Unterhalts für das minderjährige Kind gemäß § 1606 Abs. 3 Satz 2 BGB ausschließlich nach den Einkommensverhältnissen des barunterhaltspflichtigen Elternteils. Hinsichtlich des privilegierten volljährigen Kindes ist ebenfalls die Einkommens- und Vermögenssituation der Eltern maßgeblich.

Das volljährige Kind hat ab Abschluss seiner Ausbildung eine eigene Lebensstellung, zuvor muss auch das volljährige Kind den Bedarf darlegen.

Zur Ermittlung dieses Bedarfs bedient man sich nunmehr zum einen für die minderjährigen und die volljährigen privilegierten Kinder der Düsseldorfer Tabelle, für Volljährige in (Hochschul-) Ausbildung sind die BAföG-Sätze maßgeblich.

Tabellenunterhalt und Krankenversicherung

Die in der Tabelle ausgewiesenen Beträge enthalten keine Krankenversicherung.[7] Sofern das minderjährige Kind nicht familienversichert ist, muss zusätzlich zu dem ausgewiesenen Tabellenunterhalt der Krankenversicherungsbeitrag überwiesen werden. Ausnahmsweise gelten die Kosten für die Krankenversicherung jedoch als abzugsfähige Verbindlichkeiten, sodass Sie so Ihr Nettoeinkommen mindern.

---

[7] OLG Koblenz Urteil vom 19.01.2010 – Az.: 11 UF 620/09

Gelten die dortigen Beträge überall?

Die Düsseldorfer Tabelle ist die bekannteste der Tabellen. An ihr orientieren sich auch die familienrechtlichen Senate der anderen Oberlandesgerichte (in Berlin das Kammergericht), wobei die Kammergerichte in der Regel eigene Leitlinien herausgeben, die die spezifischen Besonderheiten des OLG-Bezirks wiedergeben.

Für das Beitrittsgebiet war die sogenannte „Berliner Tabelle" als Vorstufe der Düsseldorfer Tabelle anzuwenden, die etwas geringere Tabellensätze auslegte.

4

Die Tabelle nebst den Leitlinien des OLG Düsseldorf finden Sie in Kapitel 16.

Ist es gleichgültig, wie vielen Personen Sie Unterhalt schulden?

Die Düsseldorfer Tabelle legte bei der Einschätzung des Bedarfs eines Kindes die sogenannte „typische Familiengröße" zu Grunde. Dabei ging sie bis zum 31.12.2009 davon aus, dass der Unterhaltsschuldner eine Unterhaltsverpflichtung gegenüber einem Ehegatten und zwei Kindern hat. Seit dem 01.01.2010 setzt der Tabellenunterhalt eine Unterhaltspflicht gegenüber zwei Personen voraus, egal in welchem Rang sie stehen. Bei mehr Unterhaltsberechtigten sind Abschläge vom Zahlbetrag vorzunehmen, bei weniger Unterhaltsberechtigten erfolgt eine Höherstufung.

> **Praxis-Tipp:**
>
> Sollten Sie mehr Kinder haben, auch aus vorangegangenen Beziehungen/Ehen, achten Sie darauf, dass dies bei der Einordnung berücksichtigt wird.
>
> Sollten Sie nämlich mehr Unterhaltsverpflichtungen als die vorgenannten zwei haben, können Sie Abschläge vom Zahlbetrag vornehmen, die in der Regel einer Höher- oder Niedrigerstufung in den Gruppen entspricht.

Wie lange gilt der dort festgelegte Betrag?

Die Tabelle beruht auf dem aktuellen Rechtsstand von 01.01.2010. Ab diesem Zeitpunkt gelten die dortigen Bedarfssätze. Eine erneute Anpassung ist zum 01.01.2011 zu erwarten.

Was bedeutet dynamischer Unterhalt?

4

Der Unterhaltsbedarf, der nach der Tabelle ermittelt wurde, kann auf unterschiedliche Art und Weise festgelegt werden:

- durch einen bezifferten statischen Betrag oder
- als dynamischer Betrag

Im ersten Fall wird man den Zahlbetrag konkret benennen. Im zweiten Fall bezieht man sich auf die Prozentangaben, die neben dem Zahlbetrag der Düsseldorfer Tabelle zu entnehmen sind. Wie bereits oben dargestellt, gibt die Düsseldorfer Tabelle die Regelbeträge wieder, die durch die Regelbetragsverordnung des Bundesministeriums der Justiz fixiert wurden.

Nach einer Einstufung in eine bestimmte Einkommensgruppe kann dem ausgewiesenen Kindesunterhaltsbetrag immer ein bestimmter Prozentbetrag zugeordnet werden.

Das hälftige Kindergeld beträgt seit 01.01.2010 für das erste und zweite Kind je 92 EUR, 95 EUR für das dritte Kind sowie 107,50 EUR für das vierte und jedes weitere Kind (BGBl. I S. 2074, 2077 f.). Das Kindergeld wird zwar den Eltern ausgezahlt, ist aber eine Leistung, die der Familie zusteht. Kindergeld dient der Sicherung des Existenzminimums des Kindes. Der Grundsatz, dass es sich bei Kindergeld um eine staatliche Leistung, für das Kind an die Eltern handelt, bleibt bestehen (§ 62 Abs. 1 EStG und § 1 BKGG). Das Kindergeld wird grundsätzlich auf den Bedarf des Kindes angerechnet. Nach § 1612b BGB kann jedem Elternteil die Hälfte des Kindergeldes angerechnet werden.

Wie viel muss Ihnen bleiben?

Die Düsseldorfer Tabelle und die im Zusammenhang mit diesen Tabellensätzen entwickelten Leitlinien der Oberlandesgerichte haben festgelegt, wie viel dem Unterhaltsschuldner pro Monat bleiben muss. Dabei variiert die Höhe des Betrages, der Ihnen verbleiben muss, nach folgenden Punkten: der notwendige monatliche Selbstbehalt des Unterhaltspflichtigen gegenüber minderjährigen Kindern und privilegierten volljährigen Schülern, wenn

- der Unterhaltspflichtige erwerbstätig ist,
- der Unterhaltspflichtige nicht erwerbstätig ist.

4

Die Unterscheidung zwischen minderjährigen Kindern und privilegierten volljährigen Kindern gegenüber volljährigen Kindern resultiert daraus, dass minderjährige und ihnen gleichgestellte privilegierte volljährige Kinder besonders schutzwürdig sind. Der Gesetzgeber geht daher davon aus, dass der Unterhaltsschuldner erhebliche Nachteile hinzunehmen hat, damit das Existenzminimum für das Kind gewährleistet ist.

Nur so ergibt sich auch ein relativ niedriger Selbstbehalt, der wiederum unterteilt ist in Erwerbstätigkeit und Nichterwerbstätigkeit. Diese Unterscheidung wiederum beruht darauf, dass man davon ausgeht, dass ein erwerbstätiger Unterhaltspflichtiger auch Aufwendungen für diese Erwerbstätigkeit hat, die er zu bezahlen hat, und im Übrigen eine Art Arbeitsanreiz vorliegen sollte, damit der Unterhaltspflichtige nicht die Erwerbstätigkeit einstellt.

Gegenüber minderjährigen Kindern und gleichgestellten privilegierten volljährigen Kindern beträgt der Selbstbehalt für einen erwerbstätigen Unterhaltspflichtigen 900 EUR. Wenn der Unterhaltspflichtige nicht erwerbstätig ist, verringert sich dieser notwendige Selbstbehalt auf 770 EUR.

Gegenüber volljährigen Kindern ist der Selbstbehalt des Unterhaltspflichtigen höher, da üblicherweise beide Elternteile barunterhaltspflichtig sind. Auch bei der Berücksichtigung dieses Selbstbehaltes wird ein Unterschied zwischen dem erwerbstätigen und dem nichterwerbstätigen Unterhaltspflichtigen gemacht.

Der monatliche Selbstbehalt des Unterhaltspflichtigen gegenüber seinen volljährigen Kindern beträgt 1100 EUR. Der Selbstbehalt wird uns an späterer Stelle erneut begegnen, wenn es um den Selbstbehalt gegenüber dem getrennt lebenden oder dem geschiedenen Ehegatten geht.

Wie lange besteht Ihre Unterhaltspflicht?

Grundsätzlich besteht Ihre Unterhaltspflicht so lange, bis der Unterhaltsberechtigte in der Lage ist, seinen Unterhaltsbedarf selbst zu decken.

4

Sobald das Kind demnach eigene Einkünfte erzielt, sind diese zu berücksichtigen. Dabei kann ein eigenes Einkommen des Kindes sowohl eine Ausbildungsvergütung sein als auch ein BAföG-Darlehen oder Einnahmen aus regelmäßiger Nebentätigkeit.

Soweit es sich um eine Ausbildungsvergütung handelt, muss dieses Einkommen jedoch zunächst um die sogenannten berufsbedingten Aufwendungen gekürzt werden. Gemäß Punkt 8 der Leitlinien zur Düsseldorfer Tabelle vom 01.01.2010 sind damit 90 EUR von der Ausbildungsvergütung abzuziehen. Der Rest wird jedoch bedarfsmindernd angerechnet.

Wichtig: Ferienjobs oder Nebentätigkeiten eines Schülers zur Aufbesserung seines Taschengeldes (Zeitungen austragen, Rasen mähen, Auto waschen) finden keine Anrechnung! Es handelt sich hier nach ständiger Rechtsprechung um eine sogenannte überobligationsmäßige Tätigkeit, da die Kinder hierzu nicht verpflichtet sind. Bezüglich der Einkünfte eines volljährigen Kindes muss mindestens ein Teil des Einkommens anrechnungsfrei bleiben. Dies gilt insbesondere für sogenannte „halbe Studiengänge", in denen der Student in das Studium selbst noch investieren muss (Musikunterricht für Musikstudenten/Instrumente eines Medizinstudenten etc.).

Eine immer wieder gestellte Frage ist die Frage nach der Dauer der Zahlungen für den „ewigen Studenten". Gemäß § 1610 Abs. 2 BGB ist Unterhalt geschuldet für das Kind, damit eine „angemessene Vorbildung zu einem Beruf" erworben werden kann. Die Rechtsprechung des Bundesgerichtshofs stellt dabei auf eine angemessene Ausbildung entsprechend der Begabungen und Fähigkeiten, dem Leistungswillen und den Neigungen des Kindes ab. Dabei berücksichtigt er auch, dass die Finanzierung dieser Ausbildung sich in den Grenzen der wirtschaftlichen Leistungsfähigkeit der Eltern halten muss, wobei es nicht auf den Beruf oder deren gesellschaftliche Stellung ankommen darf.

Wegen der Möglichkeit, sein Studium mit einem BAföG-Darlehen zu finanzieren, sofern die Eltern einkommensschwach sind, ist hier eine Ungleichbehandlung von Kindern ausgeschlossen, deren Eltern kein ausreichendes Einkommen für ein Hochschulstudium erzielen. Dieses wird regelmäßig beim BAföG-Antrag berücksichtigt. Da das Kind durch das BAföG-Darlehen dann ein eigenes Einkommen erzielt, ist der Unterhaltspflichtige insoweit von einer Zahlung für ein langes Studium befreit.

4

Aber auch die Eltern, die für die Ausbildung ihres Kindes an einer Hochschule aufkommen, haben ein Recht darauf, dass diese Ausbildung zeitlich befristet ist. Nochmals der Hinweis darauf, dass beide Eltern ab der Volljährigkeit barunterhaltspflichtig sind. Ihre Ehefrau hat sich somit an den Kosten für diese Ausbildung zu beteiligen. Tut sie dies nicht, können Sie auch Ihr Kind anhalten, das Studium zügig abzuschließen.

Praxis-Tipp:

Richtig ist, dass Sie Unterhalt für die Ausbildung Ihres Kindes schulden. Wenig bekannt ist dagegen, dass das Kind auch verpflichtet ist, Sie über den Fortgang der Ausbildung zu unterrichten. Dazu gehört die Vorlage einer aktuellen Immatrikulationsbescheinigung, einer Bestätigung über die Regelstudiendauer des gewählten Studiengangs sowie nach den Regelstudienvorschriften die entsprechenden Leistungsnachweise zum gegebenen Zeitpunkt. Sie haben daher das Recht, Ihr Kind darauf hinzuweisen, dass es seinen Unterhaltsbedarf auch durch die Vorlage der vorgenannten Unterlagen untermauert.

Der Kindesunterhalt

Wichtige Gerichtsentscheidungen

Mehrere Wechsel in die eine wie in die andere Richtung, die nicht fachlich untereinander verknüpft sind, muss der Unterhaltsverpflichtete nicht mittragen. Krankheitsbedingte Verzögerungen muss der Unterhaltsverpflichtete jedoch hinnehmen (OLG Hamm vom 09.08.1989, Az.: 10 WF 29/89, abgedruckt in FamRZ 1990, 904).

Interessant ist auch die Frage nach der „Doppelausbildung". Grundsätzlich ist der Unterhaltsverpflichtete nur gezwungen, eine Ausbildung seines Kindes zu finanzieren. Ist diese Erstausbildung jedoch nur eine Zwischenlösung für die tatsächlich angestrebte Ausbildung, so kann auch eine Finanzierung beider Ausbildungsstränge in Betracht kommen. Der Bundesgerichtshof hat dies namentlich 1990 in einem Fall bejaht, in dem das unterhaltsberechtigte Kind bereits bei Beginn seiner Lehre zum Bürokaufmann ein Studium im sozialwissenschaftlichen Bereich anstrebte. Dabei urteilte der Bundesgerichtshof, dass das Studium Teil eines einheitlichen Ausbildungsganges sei und in diesem besonderen Fall nicht einmal ein Hinweis an den barunterhaltspflichtigen Elternteil hätte erfolgen müssen (BGH vom 10.10.1990, Az.: XII ZR 111/89, abgedruckt in NJW-RR 1991, 195).

Ähnliches dürfte gelten für die Fälle, in denen „auf dem Wege zum Medizinstudium" eine Ausbildung als medizinisch-technische Assistentin oder Physiotherapeutin erfolgt. Auch Ausbildungen zum Krankenpfleger dürften das Erfordernis der Einheitlichkeit erfüllen.

Hiervon zu unterscheiden ist jedoch das „Parkstudium". Die Eltern sind grundsätzlich nicht verpflichtet, ein fachfremdes „Parkstudium" zu finanzieren. Hier bleibt der Ausbildungsanspruch des Kindes nur dann erhalten, wenn die Eltern mit dem „Parkstudium" einverstanden sind oder eine besonders enge Verknüpfung zwischen „Parkstudium" und Hauptausbildung erzielt wird oder gegebenenfalls Nebengebiete bereits absolviert werden können.

Die „Doktorarbeit" ist von dem barunterhaltspflichtigen Elternteil nur dann zu finanzieren, wenn in einem bestimmten Beruf eine Promotion notwendiges Kriterium ist, wobei für die Zeit der Promotion eine Teilzeitarbeit durchaus zuzumuten ist, sodass das Kind dann geringe Einkünfte erzielt, die wiederum den Unterhaltsanspruch mindern.

Der Hausrat

5

Was ist der gemeinsame Hausrat?

Die Verteilung des Hausrates erfolgt während der Dauer des Getrenntlebens ausschließlich nach den Maßgaben des § 1361a BGB.

Das „Gesetz zur Änderung des Zugewinnausgleichs- und des Vormundschaftsrechts" vom 06.07.2009 (BGBl. I S. 1696) ist am 01.09.2009 in Kraft getreten.

Mit dem Artikelgesetz wurde auch das Recht der ehelichen Haushaltsgegenstände reformiert:

- Die Hausratsverordnung wurde aufgehoben.
- Das materielle Recht der Hausratsverordnung wurde überwiegend in den neu eingefügten § 1568b BGB aufgenommen.
- Das Verfahren über die Aufteilung der Haushaltsgegenstände anlässlich der Scheidung ist in den §§ 200 bis 209 FamFG geregelt.
- Sprachlich wurde der Ausdruck „Hausrat" durch den geläufigeren Ausdruck „Haushaltsgegenstände" ersetzt.

Es bestehen folgende Anspruchsgrundlagen:

- § 1361a BGB regelt die Verteilung der Haushaltsgegenstände bei Getrenntleben der Ehepartner.
- § 1568b BGB regelt die Verteilung der Haushaltsgegenstände anlässlich der Scheidung der Ehepartner.

Wichtige Gerichtsentscheidungen

Wichtig und zugleich nicht immer einfach ist die Bestimmung dessen, was zum Hausrat gehört. Aus der familienrechtlichen Rechtsprechung ist jedoch bekannt, dass zum Hausrat gerade nicht solche Gegenstände zählen, die nur den individuellen Bedürfnissen oder den persönlichen Interessen eines Ehegatten dienen, wie z. B. Bekleidung, Schmuck, Familienandenken, Münzsammlungen, komplettes Schreinerwerkzeug, Sammlungen (OLG Bamberg vom 01.07.1996, Az.: 2 WF 48/96, abgedruckt in NJW-RR 1996, 1413; OLG Düsseldorf vom 01.07.1986, Az.: 9 UF 145/85, abgedruckt in NJW-RR 1986, 1136).

Dagegen sind Gegenstände, die laufend der gemeinsamen Benutzung unterliegen, solche des gemeinsamen Hausrates. Dies gilt bis hin zu wertvollen antiken Gegenständen, die der Möblierung des gemeinsamen Hauses dienen und entsprechend genutzt werden (OLG Köln, 12.07.1995, Az.: 11 U 36/95, abgedruckt in NJW-RR 1996, 904).

Schwierig und in der Rechtsprechung nicht unumstritten sind die Fragen nach der Einordnung des gemeinsamen Autos und des gemeinsamen Haustiers unter den Begriff des Hausrats mit der Folge, dass eine Benutzungsregelung durch das Gericht getroffen werden kann.

5

Wichtige Gerichtsentscheidungen

Tendenziell kann die Zuordnung des Pkw zum Hausrat erfolgen, wenn das Fahrzeug nicht überwiegend für berufliche Zwecke eines Ehegatten benutzt wird, sondern – möglicherweise neben einem solchen Einsatz für berufliche Zwecke – vorzugsweise für private Zwecke der Ehe, und zwar aufgrund entsprechender gemeinsamer Zweckbestimmung der beiden Eheleute (OLG Hamburg vom 12.02.1990, Az.: 2 UF 79/89, abgedruckt in FamRZ 1990, 1118).

Bei der Einordnung von Haustieren zum Hausrat ist vorab festzuhalten, dass Tiere nach dem Bürgerlichen Gesetzbuch zwar durch Gesetz vom 20. 08.1990 nicht länger als Sachen im Sinne des Gesetzes gelten, gleichwohl aber die sachenrechtlichen Vorschriften gemäß § 90a BGB entsprechend anwendbar sind, damit also auch Zuweisungs- und Benutzungsregeln gemäß § 1361a BGB (so auch OLG Zweibrücken vom 05.02.1997, Az.: 2 UF 230/97, abgedruckt in FuR 1998, 235). Das bedeutet, dass zwar letztlich dem einen Ehegatten der gemeinsame Hund „zugewiesen" werden kann, gleichzeitig aber zugunsten des anderen Ehegatten die Einräumung eines „Umgangsrechts" mit dem Tier denkbar ist.

Wer verfügt über Hausratsgegenstände während der Ehe?

Gemäß § 1369 BGB kann ein Ehegatte über ihm gehörende Gegenstände des ehelichen Haushalts nur verfügen und sich zu einer solchen Verfügung auch nur verpflichten, wenn der andere Ehegatte einwilligt. Dies gilt unabhängig von den Eigentumsverhältnissen an dem Gegenstand. Wird die Zustimmung ohne das Vorliegen eines sachlichen Grundes verweigert oder kann der Ehegatte aufgrund von Krankheit oder Abwesenheit seine Zustimmung nicht erteilen, kann die Einwilligung auf Antrag durch das Familiengericht erteilt werden.

Der Verkauf eines Pkws, der dem Hausrat zuzuordnen ist, wäre danach ohne die Einwilligung des anderen Ehegatten unwirksam.

5 Wie funktioniert die Verteilung der Haushaltsgegenstände bei Getrenntleben?

Gemäß § 1361a Abs. 2 BGB sind Haushaltsgegenstände, die den Ehegatten gemeinsam gehören, zwischen ihnen nach den Grundsätzen der Billigkeit zu verteilen.

Zeitlich werden von der Hausratsaufteilung die Gegenstände erfasst, die in der Zeit von der Eheschließung bis zur endgültigen Trennung für die gemeinsame Lebensführung angeschafft worden sind (OLG Brandenburg Urteil vom 25.07.2002 – Az.: 9 WF 118/02).

Leben die Ehegatten danach getrennt, so kann jeder von ihnen die ihm gehörenden Haushaltsgegenstände von dem anderen herausverlangen. Er ist jedoch gleichermaßen verpflichtet, sie dem anderen Ehegatten zum Gebrauch zu überlassen, soweit dieser sie zur Führung eines abgesonderten Haushalts benötigt und die Überlassung nach den Umständen des Falles der Billigkeit entspricht.

Von der Regelung zur Benutzung der Hausratsgegenstände unberührt bleiben die Eigentumsverhältnisse, sofern die Ehegatten nichts anderes vereinbaren.

Was passiert, wenn Sie sich nicht einigen können?

Wenn sich Ehegatten, die nicht nur vorübergehend getrennt leben, über die Verteilung und Nutzung von Hausratsgegenständen für die Dauer dieser Trennung nicht einigen können, so ist gemäß § 1361a BGB eine vorläufige Regelung durch das Familiengericht möglich.

Damit wird jedoch nur für die Dauer der Trennung, das heißt bis zur Rechtskraft der Ehescheidung, der Sitz und das Nutzungsrecht von Hausratsgegenständen dem jeweiligen Ehegatten zugewiesen.

Dabei muss dem Antrag auf vorläufige Regelung dieser Nutzungszuweisung dargelegt werden, aus welchen Gründen Sie einen bestimmten Hausratsgegenstand zur Benutzung begehren. Sollten Sie die Nutzung eines besonders wertvollen Hausratsgegenstandes zur alleinigen Ausübung übertragen bekommen, obwohl dieser Hausratsgegenstand im gemeinsamen Eigentum mit Ihrer Ehefrau steht, ist es sogar denkbar, dass der Richter gemäß § 1361b Abs. 3 Satz 2 BGB eine Nutzungsvergütung festlegt, deren Höhe sich am Mietwert der Gegenstände orientiert.

5

Der Trennungsunterhalt

6

Wie lange müssen Sie Trennungsunterhalt bezahlen?

Der Trennungsunterhalt wird geschuldet bis zur Rechtskraft der Ehescheidung. Der Anspruch selbst beruht auf der noch bestehenden Ehe und ist daher grundsätzlich nach Maßgabe der ehelichen Lebensverhältnisse und der Erwerbs- und Vermögensverhältnisse beider Eheleute gegeben. Auf den Trennungsunterhaltsanspruch, der beiden Ehegatten wechselseitig zusteht, kann nicht verzichtet werden.

Sollten Sie daher mit dem Gedanken spielen, mit Ihrer Ehefrau im Rahmen eines Ehevertrages/Scheidungsfolgenvertrages eine Klausel aufzunehmen, wonach diese für den Fall der Trennung auf den Anspruch auf Trennungsunterhalt verzichtet, wäre diese Klausel wegen des gesetzlichen Verbotes des Unterhaltsverzichts gemäß § 1614 BGB unwirksam. Der Grund hierfür liegt darin, dass bis zur Rechtskraft der Ehescheidung noch das familienrechtliche Band zwischen Ihnen und Ihrer Ehefrau besteht, das zuvor nicht durchschnitten werden kann.

Sollte daher einer von Ihnen beiden sozialhilfebedürftig werden, hat insbesondere auch der Sozialhilfeträger ein Interesse daran, dass zunächst der mit dem Bedürftigen Verwandte die Kosten für die Sozialhilfe trägt. Das ist im Regelfall zunächst der Ehegatte. Sobald der Sozialhilfeträger nämlich Leistungen nach dem Bundessozialhilfegesetz an Ihre Ehefrau erbringt, erfolgt ein sogenannter „gesetzlicher Forderungsübergang", das bedeutet, dass der Unterhaltsanspruch Ihrer Ehefrau auf das Sozialamt übergeht.

Ein Unterhaltsverzicht Ihrer Ehefrau hätte damit keine Auswirkungen auf diesen Forderungsübergang, so dass Sie gleichwohl Leistungen übernehmen müssten.

Welches Einkommen ist zu berücksichtigen?

Hier genügt der Verweis auf Kapitel 4, das sogenannte „unterhaltsrechtlich relevante Netto" berechnet sich aus den gleichen Einkünften wie auch schon beim Kindesunterhalt dargelegt, nämlich aus sämtlichen vermögenswerten Leistungen und Einkünften gemäß § 2 EStG.

Nachdem das unterhaltsrechtlich relevante Einkommen ermittelt wurde, sind von diesem nicht nur die sogenannten ehebedingten Belastungen (siehe Kapitel 4) in Abzug zu bringen, sondern sämtliche Zahlungen, die Sie für gemeinschaftliche oder nichtgemeinschaftliche Kinder erbringen. Erst anschließend wird der Einsatzbetrag für den Ehegattenunterhalt ermittelt.

Praxis-Tipp:

Je höher die Zahlungen zugunsten der Kinder sind, desto niedriger der Unterhaltsanspruch Ihrer Ehefrau! Sollten Sie daher (mit Einverständnis der Kindesmutter) eine Versicherung für Ihr Kind abschließen, kann dies auch zu einer finanziellen Entlastung gegenüber Ihrer Ehefrau führen!

6

Was bedeutet die Trennung für Ihre finanzielle Situation?

Im ersten Moment scheint die Trennung nur auf emotionaler Ebene Probleme hervorzurufen. Schon bald wird jedoch klar, dass die Trennung auch im finanziellen Bereich ganz erhebliche Konsequenzen hat, und zwar namentlich in folgenden Bereichen:

- steuerliche Veranlagung
- Fortzahlung der Miete
- Krankenversicherung
- Umzugskosten
- Kosten der doppelten Haushaltsführung

Steuerliche Veranlagung

Wie Sie wissen, können Sie sich während des ehelichen Zusammenlebens gemeinsam mit Ihrer Ehefrau gemäß § 26 EStG veranlagen lassen. Das bedeutet, dass Sie gemeinsam eine Steuererklärung abgeben und die gemeinsamen Einkünfte zusammengerechnet werden. Die Summe Ihrer Einkünfte wird dann die Höhe der geschuldeten Einkommensteuer nach dem Splittingverfahren gemäß § 32a Abs. 5 EStG ermittelt.

In der Regel führt dies zu einer niedrigeren Besteuerung und damit zu einem höheren Nettoeinkommen, insbesondere wenn einer der Ehegatten kein oder nur ein sehr niedriges Einkommen erzielt. Bei dauerndem Getrenntleben und nach der Scheidung ist eine gemeinsame Veranlagung nicht mehr möglich. Damit erhöht sich Ihre Steuerlast, und das Nettoeinkommen verringert sich.

6

Wichtig: Im Trennungsjahr kann nach herrschender Meinung die gemeinsame Veranlagung durchgeführt werden. Ihre Ehefrau ist insbesondere dann zur Zustimmung verpflichtet, wenn deren Einkommen erheblich niedriger ist, sodass allein Ihnen ein Schaden aus der getrennten Veranlagung entstünde.

Häufig vertreten Ehefrauen und auch deren Prozessbevollmächtigte die Auffassung, dass Sie sich die Zustimmung zur gemeinsamen Veranlagung im Trennungsjahr „abkaufen" lassen könnten. Dies ist nicht der Fall. Im Gegenteil, es besteht ein Anspruch darauf, dass die Ehefrau hier noch mitwirkt.

Praxis-Tipp:

Selbst in den Fällen, in denen zuvor kein Steuerberater mit der steuerlichen Veranlagung befasst war, hat sich hier die Einschaltung eines Steuerberaters im wahrsten Sinne des Wortes „bezahlt" gemacht. Unter bestimmten Voraussetzungen kann nämlich auch rückwirkend die gemeinsame Veranlagung beantragt werden.

Sollten Sie Einkünfte aus nichtselbstständiger Tätigkeit erzielen und bislang die Aufteilung haben, dass Sie die Lohnsteuerklasse III gewählt hatten und Ihre Ehefrau die Steuerklasse V, müssen Sie dies spätestens für das nach der Trennung neu beginnende Kalenderjahr ändern lassen.

Beispiel:

Die Eheleute trennen sich im November 2006, der Ehemann erzielt Einkommen als Angestellter in Höhe von 5 000 EUR brutto, die Ehefrau arbeitet halbtags angestellt in einem Unternehmen und erzielt ein Einkommen von 2 000 EUR brutto. Die Eheleute haben Steuerklasse III für den Ehemann und Steuerklasse V für die Ehefrau gewählt.

Ab Januar 2007 kann keine Zuordnung zur Steuerklasse III für den Ehemann mehr erfolgen, da die Eheleute dauernd getrennt leben und somit die Voraussetzungen gemäß § 38b Nr. 3a) EStG fortgefallen ist.

Da nun der Ehemann nicht mehr Steuerklasse III wählen kann, kann die Ehefrau auch nicht in Steuerklasse V verbleiben. Ein Lohnsteuerklassenwechsel ist damit notwendig. Sie sind daher künftig in Steuerklasse I zu veranlagen, sofern sie dauernd getrennt leben.

6

Ein gescheiterter Versöhnungsversuch während der Dauer der Trennung unterbricht zwar nicht im familienrechtlichen Sinn das Trennungsjahr, wohl aber in steuerlicher Hinsicht. Sollten die Eheleute daher im Jahr 2006 auch nur einen Tag einen (dokumentierten) Versöhnungsversuch unternommen haben, wäre das „dauernde Getrenntleben" im steuerrechtlichen Sinne nicht gegeben. Eine gemeinsame Veranlagung wäre daher auch 2006 noch möglich.

Zurück zum Beispiel:

Die steuerlichen Auswirkungen der Trennung in Zahlen:

In Lohnsteuerklasse III entrichtet der Ehemann im Jahr 2006 auf ein monatliches Bruttoeinkommen von 5 000 EUR Lohnsteuer in Höhe von 925,33 EUR sowie einen Solidaritätszuschlag in Höhe von 50,89 EUR. Für den Fall, dass er Kirchensteuer zu entrichten hat, beträgt diese in der Steuerklasse III 83,27 EUR. Das bedeutet eine monatliche Steuerbelastung in Höhe von 1059,49 EUR.

In Steuerklasse I sieht dies anders aus. Die Lohnsteuer erhöht sich auf 1 478,33 EUR, der Solidaritätszuschlag auf 81,30 EUR. Kirchensteuer ist gegebenenfalls zu zahlen in Höhe von 133,04 EUR, sodass sich eine Gesamtbelastung ergibt von 1 692,69 EUR, dies bedeutet eine Differenz von 633,18 EUR!

Bei der Ehefrau ist die Auswirkung gegenläufig, da sie zuvor in Lohnsteuerklasse V versteuert wurde.

Hier ergaben sich ein Lohnsteuerabzug in Höhe von 586,16 EUR, ein Solidaritätszuschlag in Höhe von 32,23 EUR und gegebenenfalls Kirchensteuer in Höhe von 52,75 EUR. Die steuerliche Gesamtbelastung betrug daher 671,14 EUR.

Wählt die Ehefrau nunmehr Steuerklasse I, so reduzieren sich ihre Pflichten bezüglich der Lohnsteuer auf 292,41 EUR, Solidaritätszuschlag muss sie nur noch in Höhe von 16,08 EUR entrichten sowie Kirchensteuer gegebenenfalls in Höhe von 26,31 EUR. Ihre Steuerpflicht reduziert sich somit auf 334,80 EUR, mithin um einen monatlichen Betrag von 336,34 EUR!

Die steuerliche Veranlagung wirkt sich auch bei der Höhe des Trennungsunterhaltsanspruchs aus. Da beide Einkommen maßgeblich sind und eventuelle Einkommensunterschiede ausgeglichen werden müssen, kann eine Anpassung der Steuerklasse für Sie auch von Vorteil sein. Das Einkommen Ihrer Ehefrau erhöht sich nämlich entsprechend.

Fortzahlung der Miete

In der Regel wird es so sein, dass einer der beiden Ehegatten nach der Trennung die eheliche Wohnung verlässt. Häufig ist diese aber so groß gewählt worden, dass sie der gesamten Familie gerecht wird.

Wichtig: Während der Trennungszeit muss eine möglicherweise nunmehr zu große oder zu teure Wohnung nicht aufgegeben oder untervermietet werden!

Die Verpflichtung, die Miete zumindest anteilig weiterzubezahlen, besteht daher fort, sodass die Mietzahlungen dann beim Unterhaltsverpflichteten als trennungsbedingter Mehrbedarf berücksichtigt werden könnten, allerdings nur unter besonderen Voraussetzungen (längere Trennung).

Krankenversicherung

6

Hier ist entscheidend, ob Ihre Ehefrau gesetzlich oder privat versichert ist. Sind Sie beide Mitglied im Rahmen einer gesetzlichen Familienversicherung, so hat die Trennung alleine noch keine Auswirkungen auf die Mitversicherung Ihrer Ehefrau. Anders sieht es jedoch aus, sofern Sie privat krankenversichert sind. Hier müssen unbedingt die Versicherungsunterlagen rechtzeitig geprüft werden. Sofern nämlich der Versicherungsvertrag mit Ihrem privaten Krankenversicherer ergibt, dass bereits eine Trennung zum Ausschluss der „Mitversicherungsmöglichkeit der Ehefrau" führt, ist gegebenenfalls Krankenversicherungsunterhalt zu zahlen. Dieser ist Teil des Unterhaltsbedarfs Ihrer Ehefrau und dann zusätzlich neben dem Elementarunterhalt zu zahlen. Allerdings obliegt die Verpflichtung, Krankenversicherungsunterhalt geltend zu machen, Ihrer Ehefrau respektive deren Prozessbevollmächtigten.

Umzugskosten

Im Zusammenhang mit der räumlichen Trennung von Ihrer Ehefrau fallen meistens Umzugskosten an. Diese lassen sich jedoch nicht als trennungsbedingter Mehrbedarf geltend machen. Es handelt sich unterhaltsrechtlich hier nur um Sonderbedarf/Sonderbelastungen, die nur im Falle einer außergewöhnlich hohen Belastung berücksichtigt werden.

Kosten der doppelten Haushaltsführung

Anders sieht es jedoch mit den Kosten der doppelten Haushaltsführung aus, die während der Trennung erhöhte Kosten hervorrufen. Nach langer Trennung sind die Mehrkosten meistens ausgeglichen, im engen zeitlichen Zusammenhang mit der Trennung sind sie jedoch häufig hoch. So müssen neue Hausratsgegenstände angeschafft werden, die zuvor nur einfach im gemeinsamen Haushalt vorhanden waren (Waschmaschine, Kühlschrank, notwendige Möbel).

6

Praxis-Tipp:

Sollten Sie trennungsbedingten Mehrbedarf geltend machen wollen, müssen Sie dies beantragen: Bewahren Sie deshalb zum Nachweis des Bedarfs unbedingt die Erwerbsquittungen auf!

Beiden Ehegatten obliegt hierbei, diese trennungsbedingten Mehrkosten niedrig zu halten! Sie können daher nicht Ihre Unterhaltsverpflichtung mit dem Hinweis auf trennungsbedingten Mehrbedarf reduzieren, um beispielsweise außerordentlich luxuriöse Haushaltsgeräte anzuschaffen.

Wie berechnet sich der Trennungsunterhalt?

Sowohl der Trennungsunterhalt als auch der nacheheliche Unterhalt berechnen sich seit dem bahnbrechenden Urteil des Bundesgerichtshofs vom 13.06.2001 nach der sogenannten Differenzmethode. Lediglich zu den Pflichten der Ehegatten bestehen hier Unterschiede, die in Kapitel 9 zum nachehelichen Unterhalt dargestellt werden. Die grundlegende Berechnung des Unterhalts erfolgt jedoch nach den nachfolgenden Klarstellungen:

Die Änderung der Rechtsprechung des Bundesgerichtshofs im Jahr 2001 hat dazu geführt, dass nunmehr in der Regel die Ehemänner mit höheren Unterhaltspflichten belastet sind. Der Grund hierfür liegt darin, dass zuvor ein Einkommen, welches die

Ehefrau erst nach der Trennung erzielte, nicht „bedarfsbegründend" gewertet wurde. Der Bedarf nach den ehelichen Lebensverhältnissen, der vom Gesetzgeber so fixiert worden war, richtete sich daher allein nach dem Einkommen des Alleinverdieners, von diesem war dann ein gegebenenfalls erzieltes Einkommen der Ehefrau als „bedarfsmindernd" abzuziehen.

Dies ist nunmehr anders, da der BGH davon ausgeht, dass die Hausfrau, die kein eigenes Einkommen erzielt, auch während der Ehe die ehelichen Lebensverhältnisse finanziell geprägt hat und zwar in Höhe des gegebenenfalls erst später zu erzielenden Einkommens. Das bedeutet, dass seither bei der Bemessung des Unterhaltsbedarfs der Ehefrau die Differenz zwischen den beiden Einkommen herangezogen wird.

6

Mit seiner Entscheidung vom 28.02.2007 (Az.: XII ZR 37/05) hat der BGH jedoch wesentliche Fehlentwicklungen zumindest für die Zeit nach Rechtskraft der Ehescheidung korrigiert – eine Entscheidung, die sich in der Folge im Rahmen der seit 01.01.2008 getretenen Unterhaltsreform niedergeschlagen hat. Hierzu erfolgen entsprechende Ausführungen im Kapitel „Der nacheheliche Unterhalt".

Beispiel:

Der Ehemann erzielt Einkommen in Höhe von netto 1 400 EUR, die Ehefrau Einkommen in Höhe von 700 EUR.

Beide Einkünfte sind um die berufsbedingten Aufwendungen in Höhe von 5 % (mindestens jedoch 50 EUR, maximal 150 EUR, in manchen OLG-Bezirken jedoch pauschal 5 %) zu verringern.

Damit ergibt sich ein unterhaltsrechtlich relevantes Nettoeinkommen von 1 330 EUR für den Ehemann und für die Ehefrau in Höhe von 650 EUR. Das Einkommen des Ehemannes ist um 1/7 Arbeitsanreiz aus 1 330 EUR zu kürzen, mithin um 190 EUR. (Achtung: Die bayerischen und süddeutschen Oberlandesgerichte haben in ihren Leitlinien einen Erwerbstätigenbonus von lediglich 1/10 verankert, lassen Sie die Abzugsfähigkeit des Erwerbstätigenbonus von Ihrem Rechtsanwalt prüfen.)

Sofern die Ehefrau auch Einkünfte aus Erwerbstätigkeit erzielt, ist auch bei ihr ein Bonus von 1/7 zu berücksichtigen. Dieser betrüge im vorliegenden Rechenbeispiel 92,86 EUR, sodass als Einkommen der Ehefrau ein Netto von 557,14 EUR verbliebe.

Da die ehelichen Lebensverhältnisse für beide Ehegatten maßgeblich sind, wird nunmehr zunächst die Summe der beiden Einkünfte ermittelt (1 140 EUR + 557,14 EUR =) 1 697,14 EUR. Hiervon die Hälfte ist der Bedarf nach den ehelichen Lebensverhältnissen, somit 848,57 EUR. Auf diesem Bedarf ist das eigene Einkommen der Ehefrau in Höhe von 557,14 EUR anzurechnen, sodass ein Unterhaltsbedarf der Ehefrau in Höhe von 291,43 EUR verbleibt.

Für den Fall, dass die Ehefrau kein Erwerbseinkommen erzielt, sind auf deren Seite weder der Arbeitsanreiz noch die berufsbedingten Aufwendungen zu berücksichtigen, sodass sich dann die bekannte 3/7-Differenzberechnung ergäbe:

Das um den berufsbedingten Aufwand bereinigte Nettoeinkommen des Ehemannes in Höhe von dann 1 330 EUR wird mit dem Nettoerwerbseinkommen der Ehefrau in Höhe von 700 EUR ins Verhältnis gesetzt. Von der Differenz zwischen beiden Einkommen in Höhe von 630 EUR schuldet der Ehemann dann 3/7, mithin 270 EUR.

Was, wenn Sie schon Rentner sind?

Sollten Sie schon Rentner sein oder Einkünfte aus „Nichterwerbstätigkeit" wie beispielsweise den anderen Einkunftsarten erzielen, die wir bereits beim Kindesunterhalt besprochen haben, können Sie keine berufsbedingten Aufwendungen geltend machen. Auch entfällt das Quota Arbeitsanreiz, sodass Sie schlicht die Hälfte des Ihnen zur Verfügung stehenden monatlichen Einkommens an Ihre Ehefrau bezahlen müssen, sofern diese keine eigenen Einkünfte erzielt.

Muss Ihre Ehefrau arbeiten?

Diese Frage wird insbesondere im Zusammenhang mit der Betreuung minderjähriger Kinder relevant.

Die Rechtsprechung hatte in der Vergangenheit hierzu bestimmte Kriterien erarbeitet, die sich hauptsächlich am Alter und der Betreuungsbedürftigkeit der Kinder orientieren. Seit 01.01.2008 wird der Unterhalt für die Betreuung eines oder mehrerer gemeinschaftlicher Kinder jedoch nur noch wie folgt geschuldet:

§ 1570 BGB Unterhalt wegen Betreung eines Kindes

(1) Ein geschiedener Ehegatte kann von dem anderen wegen der Pflege oder Erziehung eines gemeinschaftlichen Kindes für mindestens drei Jahre nach der Geburt Unterhalt verlangen. Die Dauer des Unterhaltsanspruchs verlängert sich, solange und soweit dies der Billigkeit entspricht. Dabei sind die Belange des Kindes und die bestehenden Möglichkeiten der Kinderbetreuung zu berücksichtigen.

(2) Die Dauer des Unterhaltsanspruchs verlängert sich darüber hinaus, wenn dies unter Berücksichtigung der Gestaltung von Kinderbetreuung und Erwerbstätigkeit in der Ehe sowie der Dauer der Ehe der Billigkeit entspricht.

Sicher ist es so, dass dies grundsätzlich nur für die Zeit nach der Rechtskraft der Ehescheidung gilt. Die Grundsätze aus der nur noch eingeschränkten Unterhaltspflicht nach Rechtskraft der Ehescheidung lassen jedoch eine Vermutung zu, wonach die Ehefrau in Kenntnis dieser Regelung nach Ablauf des Trennungsjahres verpflichtet sein könnte, sich einer gesteigerten Erwerbsbemühung zuzuwenden, um nicht im Verfahren selbst dem Vorwurf der Herbeiführung der Unterhaltsbedürftigkeit ausgesetzt zu sein.

In den Fällen, in denen die Ehefrau den Betreuungsunterhalt begehrt, geht es in der Regel um die Situationen, in denen die Ehefrau gerade nicht berufstätig ist, weil sie das wegen der persönlichen Betreuung des Kindes nicht kann. Die Obliegenheit der Ehefrau, möglichst rasch wieder eine wirtschaftliche Selbstständigkeit zu erhalten, ist bei sehr kleinen Kindern gering. Eine

Verpflichtung, einer Teilzeitbeschäftigung nachzugehen, hat die das Kind betreuende Mutter zumindest ab dem dritten Lebensjahr, wobei hier jeweils der Einzelfall zu beurteilen ist. Einzelne Obergerichte wenden weiterhin die Grundsätze aus den vorherigen Altersstufenmodellen an, obwohl dies grundsätzlich der gesetzgeberischen Intention widersprechen dürfte. Bislang hat der Bundesgerichtshof sich allerdings noch nicht abschließend positioniert, sondern darauf verwiesen, dass jeder Fall individuell zu beurteilen sein wird.

Für ein Kind, das eingeschult wurde und das 14. Lebensjahr noch nicht vollendet hat, gehen die Familiengerichte zumindest während einer Übergangsfrist davon aus, dass in der Regel nur eine Teilzeitbeschäftigung zu erwarten ist, da eine vollschichtige Berufstätigkeit gerade mit den Betreuungszeiten in staatlichen Einrichtungen nicht korrespondiert.

Ist das Kind jedoch in (bezahlter) durchgehender Betreuung und kommen Sie für die Betreuungskosten auf, kann die Ehefrau sich nicht darauf berufen, dass sie an einer Ausweitung ihrer Tätigkeit gehindert sei.

Mit Vollendung des 14. Lebensjahres kann man davon ausgehen, dass die Ehefrau eine vollschichtige Tätigkeit aufnehmen kann, wobei sich eine schematische Betrachtungsweise verbietet. Je nach Region stehen unterschiedliche Betreuungsmöglichkeiten zur Verfügung, je nach Kind ist eine Vollschichttätigkeit bereits früher möglich.

Praxis-Tipp:

Dies alles gilt nicht bei einem Kind mit erhöhtem Betreuungsbedarf. Es ist nicht notwendig, dass das Kind behindert ist; es reicht eine erhöhte Betreuungsbedürftigkeit aus verschiedenen Gründen, die jedoch mittels ärztlichen Attests nachgewiesen sein sollte.

Ist das Kind auf Dauer bei Dritten untergebracht (Internat), kann eine vollschichtige Tätigkeit auch schon zu einem früheren Zeitpunkt verlangt werden. Betreuungsunterhalt entfällt in der Regel nach Volljährigkeit.

Die Scheidung

7

Wer stellt den Scheidungsantrag?

Hier gilt das „Vorteilsprinzip" – Sie sollten sich deshalb überlegen, wer von Ihnen von der Fortdauer der Ehe am meisten profitiert. Dabei sollten Sie folgende Kriterien prüfen:

- Wenn Sie keinen Ehevertrag/keine Scheidungsfolgenvereinbarung haben, wirkt die Vermögensentwicklung beider Parteien fort. Das bedeutet, dass Sie auch beispielsweise nach zehn Jahren Trennung (nicht Ehe!) verpflichtet werden können, Auskunft über Ihr zum Stichtag erwirtschaftetes Vermögen zu geben. Sollte dieses weiter anwachsen und das Ihrer Ehefrau nicht, hätte sie gleichwohl ein Recht auf hälftige Teilhabe an dem Profit!

7

- Wenn Sie keinen Ehevertrag/keine Scheidungsfolgenvereinbarung haben, wird am Ende der Ehe der Versorgungsausgleich durchgeführt, und zwar über die Dauer der Ehezeit! Nur in extremen Ausnahmefällen wird das Familiengericht auf Antrag den Versorgungsausgleich kürzen:

 Wichtige Gerichtsentscheidung

So entschied das OLG Düsseldorf am 28.05.1993 (Az.: 7 UF 77/92, abgedruckt in FamRZ 1993, 1322), dass eine Kürzung des Versorgungsausgleichs wegen langer Trennungszeit in Frage kommen kann. Wobei hier eine Rolle spielte, dass die ausgleichspflichtige Ehefrau nach Ehezeitende vorzeitig erwerbsunfähig wurde, also ihr Rentenkonto „nicht mehr auffüllen" konnte, und krankheitsbedingt erheblichen Mehraufwendungen ausgesetzt war. Im Ergebnis war auch hier nur eine teilweise Kürzung erfolgt.

- Wenn Sie keinen Ehevertrag/keine Scheidungsfolgenvereinbarung haben und Trennungsunterhalt bezahlen, läuft dieser Anspruch weiter bis zur Rechtskraft der Ehescheidung. Erst dann schließt sich der nacheheliche Unterhaltsanspruch Ihrer Ehefrau an, sodass vergleichsweise lange Zahlungen geleistet werden müssen.

- Nicht zuletzt aber sollten Sie daran denken, dass Ihre Ehefrau ein gesetzliches Erbrecht hat! Selbst wenn Sie sie enterben sollten, steht ihr immer noch der Pflichtteil zu. Dieser kann im Falle der Zugewinngemeinschaft sogar „pauschal" erhöht werden, dazu aber mehr in Kapitel 13 zum Erbrecht.

Wie viele Anwälte brauchen Sie?

Zur Auflösung einer Ehe müssen die Ehegatten das Familiengericht anrufen. Ihr Scheidungswille muss dem Richter schriftlich, das heißt in der Form des Scheidungsantrages, unterbreitet werden. Da nur ein Rechtsanwalt den Scheidungsantrag wirksam einreichen kann, müssen Sie sich anwaltlicher Hilfe bedienen.

Hat Ihr Ehegatte den Scheidungsantrag gestellt und wollen Sie diesem Antrag zustimmen, benötigen Sie keinen Anwalt.

Die Hinzuziehung eines Rechtsanwaltes ist jedoch erforderlich, wenn Sie selbst Anträge stellen wollen, und sie erscheint sinnvoll, wenn sich das Scheidungsverfahren umfangreicher gestaltet oder rechtliche Schwierigkeiten bietet.

7

Wichtig: Können Sie die Kosten der Prozessführung nach Ihren persönlichen und wirtschaftlichen Verhältnissen nicht, nur zum Teil oder nur in Raten aufbringen, können Sie beim Familiengericht Prozesskostenhilfe beantragen. Bitte denken Sie immer daran, die hierfür erforderlichen Formulare vollständig und sorgfältig auszufüllen!

Wie lange müssen Sie getrennt leben?

Eine Ehe kann geschieden werden, wenn sie gescheitert ist. Damit geht das geltende, 1977 grundlegend geänderte Scheidungsrecht vom Zerrüttungsprinzip aus, während vor der Reform das Schuldprinzip galt.

Achtung: Seit dem 03.10.1990 gilt das neue Scheidungsrecht auch in den fünf neuen Bundesländern und im Ostteil Berlins. Es ist somit auch dann anzuwenden, wenn Sie vor diesem Termin in der früheren DDR die Ehe geschlossen haben. Allerdings können hier einige Besonderheiten zu beachten sein. Sie können etwa das Güterrecht oder den Versorgungsausgleich betreffen, sodass Sie in diesen Fällen dringend einen Rechtsanwalt befragen sollten, der Ihre Rechte gegebenenfalls vor dem Familiengericht wahrt.

Ihre Ehe wird als gescheitert angesehen, wenn die Lebensgemeinschaft nicht mehr besteht und deren Wiederherstellung nicht mehr erwartet werden kann. Es kommt auf den gegenwärtigen Zustand der Ehe und auf die richterliche Prognose für die Zukunft an. Das Verhalten der Eheleute in der Vergangenheit ist meist unerheblich, das heißt, Sie müssen vor dem Familienrichter keine „schmutzige Wäsche waschen".

Freilich hat das Verhalten der Eheleute während der Ehe Einfluss auf das Verfahren, nämlich wenn es um die „Rachefeldzüge" des verlassenen Ehepartners geht, der nichts unterlässt, das Verfahren langwierig und kompliziert zu gestalten.

7 Wie bereits in Kapitel 2 dargelegt, genügt Getrenntleben allein jedoch nicht, um die Ehe als gescheitert zu betrachten. Vielmehr muss deutlich sein, dass mindestens einer der Ehegatten das Zusammenleben erkennbar ablehnt.

Wichtig: Sollten Sie Ihrer Ehe noch eine „letzte Chance" geben wollen, müssen Sie nicht fürchten, dass beim Scheitern dieses letzten Versuchs das Trennungsjahr wieder von vorne beginnt. Wenn der „Versöhnungsversuch" nur kurze Zeit gedauert hat, unterbricht er das Trennungsjahr nicht, sondern wird sogar als Teil des Trennungsjahres betrachtet.

Vor Ablauf des Trennungsjahres ist eine Scheidung nur möglich, wenn es Ihnen nicht zuzumuten ist, länger mit der Scheidung zu warten. Das ist insbesondere dann der Fall, wenn Gründe, die in der Person des Ehegatten liegen, es für Sie unzumutbar erscheinen lassen, an der Ehe festzuhalten.

Wichtige Gerichtsentscheidungen

An das Vorliegen einer unzumutbaren Härte sind strenge Anforderungen zu stellen, wobei teilweise gefordert wird, dass das unzumutbare Verhalten des Ehegatten mit einer nach außen in Erscheinung getretenen Öffentlichkeitswirkung verbunden sein muss, um von einer unzumutbaren Härte ausgehen zu können

(OLG Düsseldorf vom 06.03.1986, Az.: 3 WF 28/86, abgedruckt in FamRZ 1986, 998).

Die Schwierigkeit bei der Beurteilung über das Vorliegen eines „Härtegrundes" gibt am besten eine Entscheidung des Kammergerichts Berlin wieder, wonach das Vorliegen einer unzumutbaren Härte für den Fall bejaht wurde, dass eine der Parteien erklärte, fortan wieder in seinem ausländischen Heimatstaat leben und seiner Unterhaltpflicht gegenüber der anderen nicht nachkommen zu wollen (KG vom 04.08.1999, Az.: 3 WF 6284/99, abgedruckt in FamRZ 2000, 288).

Ein wichtiger Grund ist das gegebenenfalls unter Beweis zu stellende Bedürfnis, mit einer neuen Partnerin die Ehe eingehen zu wollen, insbesondere um eine Familie zu gründen. Sollte daher Ihre neue Lebensgefährtin ein Kind von Ihnen erwarten, könnten die Voraussetzungen für die „Vorabentscheidung" über den Scheidungsantrag gegeben sein. Hierdurch kann nämlich das Indiz für die vollständige und endgültige Zerrüttung der Ehe bewiesen sein (OLG Rostock vom 08.03.1993, Az.: 3 WF 18/93, abgedruckt in FamRZ 1993, 808)!

7

Wichtig: Leben Sie bereits drei Jahre getrennt, so wird unwiderleglich vermutet, dass Ihre Ehe gescheitert ist. Nur in seltenen Fällen, wenn außergewöhnliche Umstände der Scheidung entgegenstehen und dem die Scheidung begehrenden Ehegatten ein weiteres Warten zugemutet werden kann, wird die Scheidung auch nach Ablauf der dreijährigen Trennung nicht ausgesprochen.

Was muss im Zusammenhang mit der Scheidung geregelt werden?

Im Zusammenhang mit der Scheidung müssen die sogenannten Verbundsachen geregelt werden, das bedeutet, dass der Familienrichter über die Scheidung der Ehe allein nicht entscheiden darf, sofern die Folgesachen nicht geklärt sind.

Als erste Folgesache soll hier der Versorgungsausgleich besprochen werden, der im nachstehenden Kapitel ergänzend erläutert wird. Diese Folgesache betrifft den Ausgleich der während der Ehe erworbenen Rentenrechte und ist in der Regel von Amts wegen zu regeln. Es bedarf daher keines besonderen Antrags, wenn dieser Versorgungsausgleich durchgeführt werden soll, wohl aber eines Antrags, wenn er nicht durchgeführt werden soll. Weitere Folgesachen sind der Zugewinnausgleich und der nacheheliche Unterhalt; beide werden jedoch nur auf Antrag entschieden.

Im Zusammenhang mit der Scheidung muss dagegen auch die Frage nach einer Unterhaltspflicht gegenüber einem minderjährigen Kind geklärt sein; dies kann bereits vorab durch Anerkenntnis im außergerichtlichen Verfahren erfolgt sein.

Im Falle einer einvernehmlichen Scheidung sollte auch die Erklärung darüber erfolgen, ob Ehewohnung und Hausrat geteilt sind.

7

Der Versorgungsausgleich

8

Was ist der Versorgungsausgleich?

Seit der Reform des Eherechts zum 01.07.1977 wird bei Beendigung der Ehe (Zustellung des Scheidungsantrags) auch der Versorgungsausgleich durchgeführt. Das bedeutet, dass am Ende der Ehezeit auch eine Gegenüberstellung der während der Ehe erworbenen Rentenversorgung der Eheleute erfolgt.

Es bedarf hierzu keiner weiteren Antragstellung, da es sich um eine sogenannte Zwangsfolgesache handelt.

Eine Ausnahme bilden sogenannte „kurze Ehen", das heißt Ehen, deren versorgungsrechtliche Ehedauer nicht über drei Jahren liegt und in denen der Versorgungsausgleich nur dann durchgeführt wird, wenn er gemäß § 3 VersAusglG beantragt wurde:

8

§ 3 VersAusglG   Ehezeit, Ausschluss bei kurzer Ehezeit

(1) Die Ehezeit im Sinne dieses Gesetzes beginnt mit dem ersten Tag des Monats, in dem die Ehe geschlossen worden ist; sie endet am letzten Tag des Monats vor Zustellung des Scheidungsantrags.

(2) In den Versorgungsausgleich sind alle Anrechte einzubeziehen, die in der Ehezeit erworben wurden.

(3) Bei einer Ehezeit von bis zu drei Jahren findet ein Versorgungsausgleich nur statt, wenn ein Ehegatte dies beantragt.

Allerdings wurde durch die Reform des Versorgungsausgleichsrechts zum 01.09.2009 das Verfahren des Versorgungsausgleichs maßgeblich verändert: Galt früher eine Saldierung aller Anrechte, so gilt nun das Prinzip der Halbteilung als Grundregel, wonach die in der Ehezeit erworbenen Anteile von Anrechten (Ehezeitanteile) jeweils zur Hälfte zwischen den geschiedenen Ehegatten zu teilen sind.

Welche Rentenanwartschaften sind betroffen?

Vom Versorgungsausgleich betroffen sind sämtliche Versorgungsrechte oder -aussichten, die im Hinblick auf eine Versorgung für das Rentenalter gelten.

Hierunter fallen jedoch nur Anrechte, die durch Arbeit oder Vermögen erworben wurden, nicht geschenkte Versorgungen oder Versorgungen mit Entschädigungscharakter wie beispielsweise Unfallrenten.

Vom Versorgungsausgleich betroffen sind daher:

- Anrechte in der gesetzlichen Rentenversicherung (BfA, LVA), Beamtenversorgung und öffentlicher Dienst
- betriebliche Altersversorgung
- Zusatzversorgung des öffentlichen Dienstes
- Direktversicherungen
- private Rentenversicherung
- sonstige Versorgungen (Lebensversicherung mit Rentencharakter)

Was bedeutet der Versorgungsausgleich für Ihre Rente?   8

Der Versorgungsausgleich bedeutet für Ihre Rente, dass das Gericht zunächst die Ehezeit im versorgungsrechtlichen Sinne bestimmt. Dabei wird als Ehezeit der Zeitraum festgelegt, der vom ersten Tag des Monats, in welchem Sie die Ehe geschlossen haben, bis zum letzten Tag des Monats, welcher der Zustellung des Ehescheidungsantrags vorausgeht, andauert.

Beispiel:

Die Ehe haben Sie am 05.05.1997 geschlossen, der Scheidungsantrag wurde Ihnen am 02.04.2009 zugestellt. Die Ehezeit im versorgungsrechtlichen Sinne ist der Zeitraum vom 01.05.1997 bis 31.03.2009.

Sie werden nun aufgefordert, durch die Formulare zur Durchführung des Versorgungsausgleichs bekannt zu geben, bei welchen Instituten Sie Vorsorgeanrechte erworben haben. Das Familiengericht fordert dann unter Bekanntgabe der Ehezeit die Versorgungsträger auf, mitzuteilen, wie hoch die Anwartschaften sind, die Sie und Ihre Ehefrau bezogen auf den Ehezeitraum ermittelt haben.

> Zusammen mit dem Ehescheidungsurteil ergeht ein Ausspruch über die Übertragung der Rentenanwartschaften auf das jeweilige Konto des Ausgleichsberechtigten.

Können Sie den Versorgungsausgleich ausschließen?

Der Versorgungsausgleich kann ausgeschlossen werden durch notariellen Vertrag, allerdings ist Vorsicht geboten. Seit 01.09.2009 lautet die maßgebliche Regelung:

§ 6 VersAusglG Regelungsbefugnisse der Ehegatten

(1) Die Ehegatten können Vereinbarungen über den Versorgungsausgleich schließen. Sie können ihn insbesondere ganz oder teilweise

1. in die Regelung der ehelichen Vermögensverhältnisse einbeziehen,
2. ausschließen sowie
3. Ausgleichsansprüchen nach der Scheidung gemäß den §§ 20 bis 24 vorbehalten.

(2) Bestehen keine Wirksamkeits- und Durchsetzungshindernisse, ist das Familiengericht an die Vereinbarung gebunden.

Wichtig ist hier insbesondere § 6 Abs. 2 VersAusglG, da das Familiengericht nur dann an die Vereinbarung gebunden ist, wenn sich keine Zweifel aufdrängen. Deswegen sollte auf die Wahl der Formulierung höchsten Wert gelegt und möglichst konkret formuliert werden.

Praxis-Tipp:

Insbesondere betriebliche Altersversorgungen sind im Versorgungsausgleich „teuer". Hier ist bereits bei einer mittleren Ehedauer die Abfindung die „preiswertere" Lösung. Setzen Sie sich mit einem Versicherungsmakler zusammen und bitten Sie ihn, Ihnen entsprechende Angebote zu unterbreiten. Das „Auffüllen eines Versicherungslochs" auf Ihrem Rentenkonto kann teurer sein als der Abschluss eines neuen Versorgungsvertrages zugunsten Ihrer Ehefrau!

Der nacheheliche Unterhalt

9

Was bedeutet nachehelicher Unterhalt?

Wie bereits zuvor dargestellt, unterscheidet der Gesetzgeber zwischen dem Trennungsunterhalt und dem nachehelichen Unterhaltsanspruch. Dies gründet darin, dass erst mit Rechtskraft der Ehescheidung das „familienrechtliche Band" zwischen Ihnen und Ihrer Ehefrau zerschnitten ist. Die Zahlungen, die Sie an Ihre Ehefrau nach Rechtskraft der Ehescheidung leisten, sind daher die Folge einer aufgelösten Ehe.

Wird diese Frage automatisch geklärt?

Die Frage nach dem nachehelichen Unterhalt wird im Gegensatz zum Versorgungsausgleich nicht automatisch geklärt, sondern lediglich auf Antrag. Sofern Sie sich mit Ihrer Ehefrau nicht rechtzeitig vor Entscheidungsreife Ihrer Ehescheidung über die Höhe des eventuell zu zahlenden nachehelichen Unterhalts einigen, kann diese beantragen, im „Verbundverfahren" auch über die Folgesache nachehelicher Unterhalt zu entscheiden.

Dies ist eine beliebte Verhandlungstaktik, wenn zunächst während der Dauer des Scheidungsverfahrens versucht werden soll, eine möglichst optimale Lösung auch bezüglich der Frage nach dem nachehelichen Unterhalt zu erreichen. Im Zweifel wird dann der Rechtsanwalt Ihrer Ehefrau ankündigen, den nachehelichen Unterhaltsanspruch im Verbundverfahren klären zu lassen. Allerdings hat der Gesetzgeber dieser Praxis einen Riegel vorgeschoben: Gemäß § 137 FamFG sind Verbundfolgesachen nun zwei Wochen vor dem Termin über die Hauptverhandlung einzureichen.

Das bedeutet, dass der Familienrichter zunächst gehalten ist, auch den Ausspruch der Scheidung Ihrer Ehe zu verschieben, bis über die Folgesache nachehelicher Unterhalt entschieden ist. Taktisch bedeutet das, dass Ihre Ehefrau in diesem Zusammenhang sogar einen neuen Auskunftsanspruch geltend machen könnte, obwohl sie schon Unterlagen über früheres Einkommen hat.

Praxis-Tipp:

Besprechen Sie rechtzeitig mit dem Sie vertretenden Rechtsanwalt, ob es sinnvoll ist, die Frage nach der Höhe des nachehelichen Unterhalts so schnell wie möglich zu klären.

Wie berechnet sich der nacheheliche Unterhalt?

Der nacheheliche Unterhalt berechnet sich seit der Entscheidung des Bundesgerichtshofs vom 13.06.2001 wie der Trennungsunterhaltsanspruch auf der Basis der Differenz-/Additionsmethode. Das bedeutet, dass auch für den nachehelichen Unterhalt die ehelichen Lebensverhältnisse insoweit maßgebend sind, als eine Erwerbstätigkeit Ihrer Ehefrau, die diese erst nach Ihrer Trennung aufgenommen hat (und die somit nicht Teil der gemeinsamen Lebensplanung war) bedarfserhöhend wirkt.

Tatsächlich hat sich durch die Reform des Unterhaltsrechts 2008 Grundlegendes verändert.

9

Betreuungsunterhalt

Ausschließlich nach § 1570 BGB wird der sogenannte Betreuungsunterhalt geschuldet. Damit soll die Erwerbsobliegenheit des kinderbetreuenden Elternteils verstärkt werden.

Nach alter Gesetzeslage war es ständige Rechtsprechung, dass die unterhaltsrechtliche Obliegenheit, eine zumutbare Erwerbstätigkeit aufzunehmen, gegenüber dem Ehegatten entfiel, sofern minderjährige Kinder im Alter bis zu sechs Jahren betreut werden.[8]

Dabei ging die Rechtsprechung des BGH noch im Jahr 2007 grundsätzlich davon aus, dass die Betreuung eines Kindes auch nach der Vollendung des sechsten Lebensjahres eine Erwerbsobliegenheit des betreuenden Ehegatten ganz oder teilweise

---

8 BGH Urteil vom 21.02.2001 – Az · XII ZR 308/98, NJW 2001, 1488

ausschließen kann (vgl. etwa Johannsen/Heinrich/Büttner: Scheidungsrecht, 4. Aufl., § 1570 Rz. 14 ff. m.w.N.).[9]

Beispiel:

Annabelle und Marcus sind seit 2002 miteinander verheiratet. Marcus ist erfolgreicher Rechtsanwalt, Annabelle arbeitet selbstständig als Graphikerin, bis sie ihr gemeinsames Kind Anna Chiara am 13.06.2004 bekommen. Annabelle gibt nun die Berufstätigkeit auf. 2008 lernt Marcus Brigitte kennen und verlässt Annabelle. Wie sieht es mit ihren Unterhaltsansprüchen gegenüber Marcus aus?

---

§ 1570 BGB   Unterhalt wegen Betreuung eines Kindes

(1) Ein geschiedener Ehegatte kann vor dem anderen wegen der Pflege oder Erziehung eines gemeinschaftlichen Kindes für mindestens drei Jahre nach der Geburt Unterhalt verlangen.

Die Dauer des Unterhaltsanspruchs verlängert sich, solange und soweit es der Billigkeit entspricht. Dabei sind die Belange des Kindes und die bestehenden Möglichkeiten der Kinderbetreuung zu berücksichtigen.

(2) Die Dauer des Unterhaltsanspruchs verlängert sich darüber hinaus, wenn dies unter Berücksichtigung der Gestaltung von Kinderbetreuung und Erwerbstätigkeit in der Ehe sowie der Dauer der Ehe der Billigkeit entspricht

Somit handelt es sich um drei Unterhaltsbestände:

- Kind 0 <3 Jahre alt
- Kind > 3 Jahre und Billigkeitserwägungen, kindbezogene Belangen und objektive Betreuungserwägungen
- Kind > 3 Jahre und Billigkeitserwägungen wegen ehebezogener Rollenverteilung und Dauer der Ehe

---

[9]   BGH Urteil vom 28.03.2007 – Az.: XII ZR 130/0

Kind 0 < 3 Jahre alt

Der reine Betreuungsunterhaltsanspruch gemäß § 1570 Abs. 1 BGB ist auf den Zeitraum von der Geburt bis zur Vollendung des dritten Lebensjahres beschränkt.

Anna Chiara wurde am 13.06.2004 geboren und war zum Zeitpunkt der Trennung der Eltern im Jahre 2008 älter als drei Jahre. Ihre Mutter Annabelle hat daher keinen Betreuungsunterhaltsanspruch nach § 1570 Abs. 1 BGB.

Erzielt Annabelle bereits wieder Einkommen, wäre dieses gegebenenfalls nach den alten Maßstäben der sogenannten überobligationsmäßigen Einkünfte bei der Höhe des Unterhaltsbedarfs nicht zu berücksichtigen. Nach der bisherigen Rechtsprechung des BGH war das Einkommen aus einer trotz der Kinderbetreuung ausgeübten Berufstätigkeit unter Abzug des Betrages anzusetzen, der für die infolge dieser Berufstätigkeit notwendig gewordenen anderweitigen Betreuung eines Kindes aufgewendet werden musste.[10]

Die Berücksichtigung eines anrechnungsfreien Betrages des auf einer überobligationsmäßigen Tätigkeit beruhenden Mehreinkommens ist auch dann für gerechtfertigt gehalten worden, wenn keine konkreten Betreuungskosten angefallen sind.[11]

Da das neue Unerhaltsrecht die Kosten unabhängig von der Natur des Unterhaltsanspruchs kennt, ist zu vermuten, dass in den ersten drei Jahren nach der Geburt ein Einkommen auch ohne Abzug von Betreuungskosten nicht in die Unterhaltsberechnung eingestellt werden darf.

Kind > 3 Jahre und Billigkeitserwägungen

Um diese harte Begrenzung abzufedern, wurde § 1570 Abs. 1 Satz 2 BGB eingeführt. Dieser Absatz betrifft den Unterhaltsanspruch des betreuenden Elternteils ab Vollendung des dritten Lebensjahres, sofern persönliche Umstände hinzukommen.

---

[10] BGH Urteil vom 26.01.1983 – Az.: IVb ZR 34/81, FamRZ, 569
[11] BGH Urteil vom 29.11.2000 – Az.: XII ZR 212/98

Dabei kommt es im Wesentlichen auf zwei Tatbestandsmerkmale an, nämlich zum einen auf die Verlängerung der Dauer des Unterhaltsanspruchs, solange und soweit dies der Billigkeit entspricht, und zum anderen darauf, dass der Gesetzgeber nun davon ausgeht, dass die bestehenden Möglichkeiten der Kinderbetreuung zu berücksichtigen sind.

Es handelt sich daher um einen Billigkeitsunterhaltsanspruch, dessen Vorliegen im Wesentlichen vom anwaltlichen Sachvortrag abhängen wird. Im Rahmen der Formstrenge des Unterhaltsverfahrens muss bereits von Anfang an darauf geachtet werden, dass schon im ersten Gespräch möglichst viele Informationen über die persönliche Situation der Ehegatten erfasst werden können. Die bislang übliche Berechnung des Differenzunterhalts kann dazu führen, dass der Unterhaltsanspruch allein deswegen abgelehnt wird, weil die Billigkeitsbestandsmerkmale nicht dargelegt sind.

Im konkreten Beispiel heißt das, dass Annabelles Anwalt darauf hinweist, dass Annabelle ja auf Marcus' Wunsch hin ihre Berufstätigkeit aufgegeben hat, um in den ersten sechs Lebensjahren Anna Chiara selbst zuhause zu betreuen.

Der Hinweis auf die Formstrenge des Verfahrens bedeutet hier nichts anderes, als dass Annabelle den Beweis zu erbringen hat, dass die Aufgabe der Berufstätigkeit in beiderseitigem Einvernehmen geschah. In der Regel wird dieser Beweis sehr schwierig zu erbringen sein. Welches Ehepaar führt schon Buch über gemeinsame Entscheidungen?

Somit wird sich Annabelle eben „nur" auf § 1570 Abs. 1 Satz 2 BGB berufen können, denn sie muss einen Billigkeitsunterhalt einfordern, der ihre persönliche Situation im Hinblick auf die Betreuung Anna Chiaras berücksichtigt.

Was ist billigkeitsabhängiger Unterhalt?

Im Rahmen der Billigkeitsabwägung ist die persönliche Situation des betreuenden Elternteils zu betrachten. Dabei muss grundsätzlich ein Unterhaltsanspruch bestehen. Es kommt somit auch hier auf dessen Bemühungen hinsichtlich eines Arbeitsplatzes an.

Unterhaltsberechtigte sind daher künftig zwingend gehalten, im Betreuungsunterhaltsverfahren nach § 1570 Abs. 1 Satz 2 BGB vorzutragen, wann sich der betreuende Elternteil noch um ergänzende Erwerbstätigkeit bemüht hat.

Solange Annabelle Marcus in Anspruch nimmt, ihr angemessenen Unterhalt wegen der Betreuung Anna Chiaras zu zahlen, wird sie deshalb nicht von ihrer Verpflichtung frei, sich gleichzeitig verstärkt um eigenes Einkommen zu bemühen.

In der Rechtsprechung sind zur Frage, welche Anstrengungen vom Unterhaltspflichtigen erwartet werden können, verschiedene Grundsätze entwickelt worden. Zu den notwendigen Anstrengungen kann bei verschärfter Unterhaltspflicht die Verpflichtung zur Übernahme von Arbeiten unterhalb seines Ausbildungsniveaus gehören. Dabei sind die meisten Grundsätze in der Vergangenheit für Unterhaltspflichtige, nicht für Unterhaltsberechtigte entwickelt worden. Es ist aber davon auszugehen, dass die in der Rechtsprechung entwickelten Grundsätze in Zukunft verstärkt auf die Rechte und Pflichten Unterhaltsberechtigter angewandt werden dürften.

Ein Arbeitsloser muss nach den Grundsätzen der bisherigen Rechtsprechung für die Arbeitssuche jedenfalls die Zeit aufwenden, die benötigt wird, um alle für ihn in Betracht kommenden Angebote zu erfassen, sich darauf zu bewerben und Vorstellungsgespräche wahrzunehmen. Dabei kann grundsätzlich von einem Arbeitsuchenden der für eine vollschichtige Erwerbstätigkeit notwendige Zeitaufwand verlangt werden, das heißt mindestens 30 Stunden pro Woche allein für Bewerbungstätigkeit.[12]

Auch der BGH hat entschieden, dass 20 bis 30 Bewerbungsschreiben pro Monat im Einzelfall zumutbar sein können.[13] Das OLG Bamberg ließ unter ungünstigen Verhältnissen eine geringere Anzahl ausreichen.[14] Inhaltlich sind für die Bemühungen um einen Arbeitsplatz zunächst eine Meldung beim Jobcenter und die Wahrnehmung sämtlicher von dort angebotenen Vermitt-

---

[12] OLG Koblenz FamRZ 2000, 313 – Az.: 15 UF 203/99

[13] BGH FamRZ 1986, 885 – Az.: IVb ZR 45/85

[14] OLG Bamberg FamRZ 1998, 289 – Az.: Bf III 53/95

lungen erforderlich. Die Meldung beim Jobcenter ist notwendig, reicht aber für sich allein nicht aus.[15] Selbst bei einfachen Arbeitsplätzen sind die regelmäßige wöchentliche Lektüre der einschlägigen örtlichen Tageszeitungen und die Bewerbung auf alle dort angebotenen, in Betracht kommenden Stellen notwendig.

Das OLG Naumburg forderte in seiner schon fast als legendär zu bezeichnenden Entscheidung, dass es notwendig sei, sich „intensiv und ernsthaft um eine neue Arbeitsstelle bemühen". Dazu gehört gerade nicht nur die Anzahl, sondern auch die Qualität der Bewerbungen.[16]

Beispiel:

Annabelle muss sich nicht nur darauf berufen, dass sie sich nicht hatte darauf einstellen können, dass sie nunmehr wieder allein auf sich gestellt sei, sondern sie muss gleichzeitig nachweisbar und vertieft dartun, warum sie noch keine Einkommensmöglichkeit gefunden hat. Da Annabelle selbstständig war, wird ihr eine vergleichsweise großzügige Übergangsfrist einzuräumen sein, bis sie wieder „Fuß fasst"; dennoch hat sie unmittelbar ihre Bemühungen nachzuweisen.

Die bestehenden Möglichkeiten der Kinderbetreuung

Die bestehenden Möglichkeiten der Kinderbetreuung sind nach objektiven Maßstäben zu beurteilen. Das ergibt sich bereits aus dem Wortlaut der Regelung, die kein Ermessen zulässt. Sofern objektiv die Möglichkeit der Kinderbetreuung besteht, ist diese zu berücksichtigen. Da es sich aber um eine Billigkeitsabwägung handelt, ist auch hier zu berücksichtigen, in welchem Zusammenhang die Kinderbetreuung mit der Erwerbstätigkeit des betreuenden Elternteils steht.

---

[15]   BGH FamRZ 1990, 499 – Az.: XII ZR 2/89
[16]   OLG Naumburg, Beschluss vom 17.02.2005 – Az.: 14 UF 182/04

So sind hier die Merkmale der Kinderbetreuung zuvorderst dazulegen. Dabei ist zwischen der Betreuungszeit und der Betreuungsperson zu unterscheiden.

Betreuungszeit

Im Rahmen der zeitlichen Betreuung wird auf das Alter des Kindes und dem Betreuungsrahmen abzustellen sein. Wird beispielsweise mit der Betreuung um 8:00 Uhr begonnen, so kann der betreuende Elternteil schlicht nicht um 8:00 Uhr am Arbeitsplatz sein. Es wird somit ein Delta geben zwischen der Betreuungszeit und der Erwerbstätigkeit einschließlich „Ab- und Anreise". Diese ist gegebenenfalls der Rahmen, in welchem ein Betreuungsunterhaltsanspruch besteht.

Wenn das Kind eine KiTa besucht, die entweder sehr früh oder über die Mittagszeit schließt, wird es für den betreuenden Elternteil gleichwohl außerordentlich schwierig sein, eine Arbeitsstelle zu finden, die eine vollschichtige Tätigkeit ermöglicht.

Während in Großstädten die Betreuungssituation noch außerordentlich gut ist, gilt dies nicht für kleinere Städte oder ländliche Gebiete. In vielen Bundesländern schließen die Kindertagesstätten oder Kindergärten über die Mittagszeit, so dass keine Betreuung erfolgt.

Wichtig: Der Vortrag der Kindesmutter, das Kind leide unter der Trennungssituation, dürfte in Zukunft nicht ausreichen. In der überwiegenden Zahl der Fälle liegt die Trennung schon einen geraumen Zeitraum zurück, so dass das Kind sich an diese Situation gewöhnt haben dürfte. Der Umstand allein, dass die Kindesmutter vorträgt, diese oder jene Betreuungsmöglichkeit entspräche nicht ihren persönlichen Anforderungen an Kindesbetreuung, muss relativiert werden. Der Gesetzgeber stellt ausdrücklich auf die objektive Möglichkeit der Kinderbetreuung ab und nicht auf die qualitative.

Hier kommt es jedoch ebenfalls auf den anwaltlichen Sachvortrag an. Der Unterhaltspflichtige hat nur darzulegen, dass die Kinderbetreuung objektiv möglich wäre, der Unterhaltsberechtigte das Gegenteil. Sofern Sie auf die Möglichkeit der Kinder

betreuung hingewiesen haben, obliegt es Ihrer Ehefrau darzulegen, aus welchen Gründen eine Betreuung dort nicht möglich ist
oder sein kann.[17]

Beispiel:

Sollte Marcus nachweisen können, dass in der Umgebung der
elterlichen Wohnung für Anna Chiara eine Kinderbetreu-
ungsmöglichkeit gegeben ist, die Annabelle wiederum die
Aufnahme einer Erwerbstätigkeit ermöglichen würde, muss
Annabelle darlegen, warum dort eine Betreuung Anna Chiaras nicht möglich sein soll. Dabei ist nach den Vorstellungen
des Gesetzgebers nicht auf die Vorstellung Annabelles abzustellen, sondern auf die Perspektive von Anna Chiara.

Da der betreuende Elternteil seit 01.01.2008 damit rechnen muss,
dass sein Unterhaltsanspruch gegebenenfalls nur bis zur Vollendung des dritten Lebensjahres besteht, wird er auch gehalten
sein, sich rechtzeitig um Auswahl und Anmeldung des Kindes zu

9

---

[17] Die meisten Städte oder Kommunen haben bereits einen Internet-
auftritt, unter welchem die aktuellen Betreuungsangebote zu
erfahren sind. Hier können Sie sich über die Öffnungszeiten und
Voraussetzungen der lokalen Betreuungseinrichtungen informieren. Die nachfolgende Aufzählung ist lediglich beispielhaft:
http://www.berlin.de/sen/familie/kindertagesbetreuung/
kita_verzeichnis/anwendung/
http://www.hamburg.de/kita-finden/
http://www.muenchen.de/Rathaus/kinderbetreuung/163886/index.
html
http://www.duesseldorf.de/jugendamt/ipunkt/kitas/index.shtml
http://www.stuttgart.de/kits
http://www.regensburg.de/leben/gesellschaft/familien/
kinderbetreuung/14765
http://www.koeln.kinder-stadt.de
http://www.kinder-leipzig.de
http://www.kiel.de/Aemter_30_bis_52/54/Kinderbetreuung/
KTE_Konzepte.htm
http://www.frankfurt.de/sixcms/detail.php?id=2765
http://www.dresden.de/apps/lhdd_kita/index.php

kümmern. Eventuell ist damit zu rechnen, dass zunehmend Verfahren nach § 1628 BGB geführt werden. In § 1628 BGB geht es um Meinungsverschiedenheiten der Eltern; hierunter fallen insbesondere die Einschulung und Anmeldung zu einer bestimmten Betreuungseinrichtung

§ 1628 BGB   Gerichtliche Entscheidung bei Meinungsverschiedenheiten der Eltern

Können sich die Eltern in einer einzelnen Angelegenheit oder in einer bestimmten Art von Angelegenheit der elterlichen Sorge, deren Regelung für das Kind von erheblicher Bedeutung ist, nicht einigen. so kann das Familiengericht auf Antrag eines Elternteils die Entscheidung einem Elternteil übertragen. Die Übertragung kann mit Beschränkungen oder mit Auflagen verbunden werden.

Betreuungssituation

Die Betreuungssituation als solche kann bei Eheleuten häufig so aussehen, dass Mitglieder der Familie das gemeinsame Kind oder die gemeinsamen Kinder teilweise mitbetreuen. Regelmäßig sind die familiären Bande nach einer Trennung strapaziert, so dass nun häufiger die Frage auf uns zukommen wird, ob an der Betreuungssituation festgehalten werden muss. Bei der Betreuungssituation gibt es Stimmen in der Literatur,[18] die zwischen Großmutter mütterlicherseits und Großmutter väterlicherseits unterscheiden. Sofern Ihre Ehefrau durch die eigene Mutter entlastet wird, soll hierin ein geltwerter Vorteil liegen, der sodann bei der Bemessung der Unterhaltshöhe einzustellen wäre.

Kind > 3 Jahre und Billigkeitserwägungen wegen ehebezogenre Rollenverteilung und Dauer der Ehe

Der ehebezogene Billigkeitsergänzungsunterhalt nach § 1570 Abs. 2 BGB ist ein Unterhaltsanspruch, der nur Vertrauenstatbestände beinhaltet. Dabei kommt es auch auf die Dauer der Ehe an, wobei die Dauer der Ehe nicht um die Dauer der Kinder-

---

[18] Viehfues/Mlecko, Das neue Unterhaltsrecht 2008, Rn. 185 ff.

betreuung verlängert wird, sondern auf die Dauer der tatsächlichen Betreuungssituation während der Ehe abstellt. Es sind somit gerade nicht die „Altehen", die unter § 1570 Abs. 2 BGB fallen. Eine 20-jährige Ehedauer dürfte in der Regel dazu führen, dass das aus dieser Ehe hervorgegangene gemeinsame Kind gerade nicht mehr betreuungsbedürftig ist, so dass ein Anspruch aus § 1570 Abs. 2 BGB dem Grund nach ausscheidet.

Sofern hier über die Betreuungsergänzung gesprochen wird, richtet sich dieser Ergänzungsunterhaltsanspruch nach der Betreuung kleinerer Kinder.

Beispiel:

Annabelle gab ihre Berufstätigkeit auf, um den Vorstellungen von Kinderbetreuung Rechnung zu tragen. Für den Fall, dass sie nicht nur Anna Chiara, sondern den Zwillingsbruder Antonius geboren hätte und Marcus als vielbeschäftigter Ehemann an der Kinderbetreuung gehindert wäre, käme eine Anpassung an diesen Billigkeitstatbestand auch dann in Betracht, wenn Anna Chiara und Antonius zum Zeitpunkt der Trennung bereits 13 Jahre alt gewesen und Annabelle noch immer nicht berufstätig.

Die allgemeine Doppelbelastung Beruf und Haushalt wird nicht Berücksichtigung finden. Ziel der Unterhaltsreform war, den Unterhaltsberechtigten eine höhere Belastung aufzuerlegen. Dabei liegt das Argument sicher auch in der Gleichbehandlung von Müttern kleinerer wie größerer Kinder. Während jüngere Kinder einen anderen Betreuungsbedarf durch tatsächliche Zuwendung haben, wie beispielsweise waschen, aufräumen, tatsächliche Beaufsichtigung, dürfte bei älteren Kindern der Betreuungsaufwand in den häufig zu leistenden Fahrdiensten oder der Hausaufgabenbetreuung liegen. Als wichtigstes Instrumentarium in der Führung künftiger Unterhaltsprozesse wird die Entscheidung des Bundesverfassungsgerichts vom 28.02.2007 (Az.: 1 BvL 9704) gelten müssen. Das Bundesverfassungsgericht hat sich in dieser Entscheidung dafür ausgesprochen, dass der Betreuungsunterhalt nichtehelicher Kin-

der nicht anders behandelt werden dürfte als der Betreuungsunterhaltsanspruch ehelicher Kinder.

Unterhalt und Erwerbstätigkeit der Ehefrau

§ 1574 BGB   Angemessene Erwerbstätigkeit

(1) Dem geschiedenen Ehegatten obliegt es, eine angemessene
Erwerbstätigkeit auszuüben.

(2) Angemessen ist eine Erwerbstätigkeit, die der Ausbildung,
den Fähigkeiten, einer früheren Erwerbstätigkeit, dem Lebens-
alter und dem Gesundheitszustand des geschiedenen Ehegatten
entspricht, soweit eine solche Tätigkeit nicht nach den ehelichen
Lebensverhältnissen unbillig wäre. Bei den ehelichen Lebensverhältnissen sind insbesondere die Dauer der Ehe sowie die Dauer
der Pflege oder Erziehung eines gemeinschaftlichen Kindes zu
berücksichtigen.

(3) Soweit es zur Aufnahme einer angemessenen Erwerbstätigkeit
erforderlich ist, obliegt es dem geschiedenen Ehegatten, sich
ausbilden, fortbilden oder umschulen zu lassen, wenn ein erfolgreicher Abschluss der Ausbildung zu erwarten ist.

9

Konkret hat der Gesetzgeber nunmehr seit 01.01.2008 die
Erwerbsobliegenheit in das Gesetz aufgenommen, die Erwerbstätigkeit ist danach grundsätzlich angemessen. Von ihr ist nur
dann Abstand zu nehmen, wenn sie unbillig wäre.

Die Überlegungen, die in der Vergangenheit dazu geführt
haben, lediglich eine Verpflichtung zur Bewerbung auf eine
angemessene Tätigkeit, die dem Standard des ehelichen Lebens
entsprach, zu fordern, kann künftig nicht mehr gesehen werden.
Die klassische Ehe zwischen Chefarzt und Arzthelferin führte
eben allzu oft dazu, dass die unterhaltsberechtigte Chefarzt-
gattin nach der Scheidung erwarten konnte, ihren vorherigen
Lebensstandard weiterführen zu können. In Zukunft ist dies nicht
mehr der Fall, es sei denn, ein Abweichen von diesem Standard
wäre unbillig. Hier ist daran zu denken, dass sogenannte Altehen
einen Schutz vor dieser Gesetzesänderung haben sollen.

Die Beweislast obliegt demjenigen, der behauptet, einen Anspruch gegenüber dem anderen zu haben. Die Ehefrau muss
somit darlegen, inwiefern sie in Übereinstimmung mit ihrem

Ehemann ihr Studium aufgegeben hat, um sich den Kindern zu widmen.

Künftig wird eine genaue Dokumentation der Entwicklung der ehelichen Lebensverhältnisse ebenso unabdingbar sein, wie das regelmäßige Überprüfen ehevertraglicher Einigungen.

Die Erwerbsobliegenheit

Die Verpflichtung Ihrer geschiedenen Ehefrau, die wirtschaftliche Unabhängigkeit herbeizuführen, ist jedoch nach Rechtskraft der Scheidung höher als während der Trennung.

Wichtig: Während Ihre Ehefrau vor der Rechtskraft der Ehescheidung sich noch auf den Standpunkt stellen kann, dass sie ihr Vermögen nicht zu verwerten brauche, sieht das nach der Scheidung der Ehe anders aus. Unterhält beispielsweise Ihre geschiedene Ehefrau eine Immobilie, um dort gelegentlich Ferien zu verbringen, so ist ihr Unterhaltsanspruch zu kürzen. Der Grund dafür ist, dass sie nach der Rechtskraft der Ehescheidung verpflichtet ist, auch ihren Vermögensstamm zu verwerten, um Sie zu entlasten. Gegebenenfalls ist ihr ein sogenanntes fiktives Einkommen zuzurechnen, wenn sie einer solchen Verpflichtung nicht nachkommt. Erfreulicherweise sind die Oberlandesgerichte in diesem Punkt etwas deutlicher geworden. Es ist daher dringend notwendig, Ihren Rechtsanwalt und das Familiengericht rechtzeitig darauf aufmerksam zu machen, ob und wo Ihre Ehefrau Vermögen besitzt und in welchem Umfang eine Verwertung dieses Vermögens sinnvoll wäre.

Sollte Ihre Ehefrau nach Rechtskraft der Ehescheidung Betreuungsunterhalt begehren, orientiert auch dieser sich an den genannten Grundsätzen zum Trennungsunterhalt.

Sollte Ihre Ehefrau keine gemeinsamen Kinder betreuen, hat sie möglichst zeitnah eine adäquate Tätigkeit wieder aufzunehmen. Bitte beachten Sie an dieser Stelle, dass Ihre Ehefrau verpflichtet ist, diese Erwerbsobliegenheit dadurch zu erfüllen, dass sie sich regelmäßig und ernsthaft um einen Arbeitsplatz bewirbt. Dabei geht die Rechtsprechung von einer durchschnittlichen Anzahl von einer Bewerbung pro Tag aus. Sie hat diese Nachweise auch im Verlauf des Verfahrens zu erbringen.

Praxis-Tipp:

Fordern Sie Ihre Ehefrau auf, rechtzeitig dafür Sorge zu tragen, dass sie ihre Erwerbstätigkeit wieder aufnimmt. Fordern Sie sie auch auf, die Nachweise vorzulegen.

Wenn Ihre Ehefrau diese Erwerbsobliegenheit nicht erfüllt, wird ihr auch in diesem Zusammenhang ein fiktives Einkommen zugerechnet werden können. Die Höhe bemisst sich nach den üblicherweise in ihrem Beruf zu erzielenden Einkünften.

Was bedeutet Krankenversicherungsunterhalt?

Der Krankenversicherungsunterhalt ist besonders wichtig für Angestellte im öffentlichen Dienst oder Beamte. Insbesondere Beamte haben durch die Beihilfesituation die Möglichkeit, sich besonders günstig privat krankenzuversichern. In der Regel wird dann auch die gesamte Familie privat versichert. Die Beihilfeberechtigung der Ehefrau endet jedoch durch die Rechtskraft der Ehescheidung.

Damit endet auch deren Berechtigung zur „preiswerten" privaten Krankenversicherung, so dass der volle Krankenversicherungsbeitrag entsprechend der Altersstufe Ihrer Ehefrau zu zahlen wäre. Regelmäßig ist der Weg in die gesetzliche Krankenversicherung versperrt, so dass eine sehr kostenintensive Krankenversicherung finanziert werden muss.

Der Krankenversicherungsunterhaltsanspruch, der in Höhe des zu entrichtenden Beitrags entsteht, ist von Ihnen zu tragen.

Für den Fall, dass sich eine Trennung oder Scheidung abzeichnet, sollten Sie rechtzeitig auch an diese Frage denken. Fördern Sie das Vorhaben Ihrer Ehefrau, eine Tätigkeit aufzunehmen, in der sie angestellt ist. Dadurch wird unter Umständen die Möglichkeit geschaffen, dass sie wieder in die gesetzliche Krankenversicherung aufgenommen wird. Der anschließende Anspruch Ihrer

9

Ehefrau auf „den ehelichen Lebensverhältnissen angemessenen Krankenversicherungsschutz" können Sie dann preiswert durch eine sogenannte Zusatzversicherung abdecken.

Was heißt Altersvorsorgeunterhalt?

Wie bereits in Kapitel 8 dargestellt, erfolgt mit Ausspruch des Ehescheidungsurteils in der Regel auch die Entscheidung über die Durchführung des Versorgungsausgleichs. Ab dem dort festgelegten Zeitpunkt über das Ehezeitende im versorgungsrechtlichen Sinne hat Ihre Ehefrau keine Teilhabe mehr an Ihrer Altersversorgung.

Um jedoch für geschiedene Ehegatten eine angemessene Altersversorgung zu gewährleisten, die kein oder wenig eigenes Einkommen erzielen, hat der Gesetzgeber die Möglichkeit des sogenannten Altersvorsorgeunterhaltes geschaffen.

Für den Unterhaltpflichtigen bedeutet dies, dass er im schlimmsten Fall nicht nur sogenannten Barunterhalt und Krankenvorsorgeunterhalt zahlen muss, sondern auch Altersvorsorgeunterhalt.

Die Berechnung des Altersvorsorgeunterhaltsanspruchs ist komplex. Sie orientiert sich jedoch immer an den geltenden Beitragssätzen zur Rentenversicherung.

Häufig wird die Geltendmachung von Altersvorsorgeunterhalt erst im Zusammenhang mit dem nachehelichen Unterhaltsanspruch angesprochen. Für den Fall, dass das Ehescheidungsverfahren jedoch länger währt und der Trennungsunterhalt noch nicht fixiert wurde, ist es auch denkbar, dass während des Scheidungsverfahrens der Anspruch auf Trennungsunterhalt um den Anspruch auf Altersvorsorgeunterhalt ergänzt wird. Zulässig ist dieser Antrag ab Zustellung des Scheidungsantrages. Der Grund hierfür liegt in der vorgenannten versorgungsrechtlichen Beendigung der Ehezeit.

Was ist mit Ihrem Vermögen?

Solange Sie sich nicht auf mangelnde Leistungsfähigkeit berufen, werden aus Ihrem Vermögen nur die Erträge zugrunde gelegt. Sollten Sie jedoch aus den laufenden Erträgen nicht in der Lage sein, die einmal berechneten Unterhaltsansprüche Ihrer Ehefrau zu decken, so kann eine Verwertung Ihres Vermögens geboten sein. Allerdings ist dies die äußere Grenze, und die Wirtschaftlichkeit der Verwertung muss vorliegen.

Sollten Sie Hauseigentümer sein und Ihre neue Lebensgefährtin in dieses Haus aufnehmen, wird der Familienrichter geneigt sein, Ihnen aus diesem Grund fiktive Mieteinnahmen zuzurechnen. Es bietet sich daher an, einen Untermietvertrag mit Ihrer Lebensgefährtin abzuschließen und eine entsprechende Einnahmen-Überschussrechnung für Ihre Einkünfte aus Vermietung und Verpachtung zu fertigen. Dann können Sie die Abzugskosten auch geltend machen.

Was ist, wenn sich die Situation ändert?

Der Unterhaltsanspruch Ihrer geschiedenen Ehefrau endet spätestens mit ihrem Tod. Andere Umstände, die das Ende der Unterhaltspflicht bedeuten, können sein:

- Ihre geschiedene Ehefrau erzielt höhere Einkünfte
- Sie erzielen niedrigere Einkünfte
- Ihre geschiedene Ehefrau hat eine neue Partnerschaft
- Sie haben eine neue Partnerschaft, aus der neue Unterhaltsverpflichtungen resultieren

9

Ihre geschiedene Ehefrau hat ein höheres Einkommen

In dem Moment, in dem Sie Kenntnis davon erlangen oder das Gefühl haben, dass Ihre Ehefrau höhere Einkünfte erzielt, können Sie sie zur Auskunft auffordern. Dieser Auskunftsanspruch steht Ihnen grundsätzlich alle drei Jahre zu, jedenfalls aber auch dann, wenn Sie die Umstände bekannt geben können, aus denen Sie schließen, dass sich die wirtschaftliche Situation Ihrer geschiedenen Ehefrau geändert hat.

Ihre Einkommenssituation hat sich geändert

Sobald sich Ihr Einkommen verringert, haben Sie ein Interesse daran, dass der Unterhaltsanspruch Ihrer geschiedenen Ehefrau abgeändert wird.

Der nacheheliche Unterhalt

Achtung: Sofern dem Unterhaltsanspruch Ihrer geschiedenen Ehefrau durch Urteil entsprochen wurde, müssen Sie schnellstmöglich Klage erheben, da Urteile grundsätzlich nicht rückwirkend abgeändert werden können.

Sollten Sie einen Unterhaltsvergleich abgeschlossen haben, kommt auch eine rückwirkende Abänderung des Vergleichs in Betracht. Jedoch erst ab dem Zeitpunkt, ab dem Sie das Abänderungsbegehren Ihrer geschiedenen Ehefrau gegenüber bekannt gemacht haben.

Wichtige Gerichtsentscheidung

Die Gerichte gehen dabei davon aus, dass eine wesentliche Änderung vorliegt, wenn sich aus Ihren Einkünften eine Steigerung oder Verringerung von 10 Prozent ergibt (BGHZ 98, 353).

Ihre Ex-Frau hat einen neuen Partner

Es ist hinlänglich bekannt, dass die Wiederverheiratung ebenfalls zum Ende der Unterhaltsberechtigung führt. Aus diesem Grunde scheuen sich viele unterhaltsberechtigte Ehefrauen, eine neue Ehe einzugehen, da es doch viel praktischer scheint, den Unterhalt des geschiedenen Ehemanns zu kassieren, um damit wirtschaftlich auch unabhängig vom neuen Partner zu sein.

Während früher noch mit moralischen Argumenten gekämpft wurde, ist heute die Akzeptanz der nichtehelichen Lebensgemeinschaft in der Gesellschaft so hoch, dass diese an unterhaltsrechtlicher Stelle der Eheschließung gleichkommt. Sobald Ihre Ehefrau daher eine neue Lebensgemeinschaft mit einem anderen Mann aufnimmt, ist ihr Unterhaltsanspruch gegebenenfalls sogar auf null zu kürzen.

Dabei kommt es bei der Reduzierung des Unterhaltsanspruchs bis hin zur Verwirkung auch darauf an, in welchem Maße das Paar nach außen hin in Erscheinung tritt. Sicherlich wird der Unterhaltsanspruch noch nicht erloschen sein, wenn Ihre Ex-Ehefrau erst seit wenigen Wochen mit einem neuen Partner zusammenlebt. Sofern sich diese Beziehung jedoch auch als finanzieller Profit herausstellt (die Lebenshaltungskosten zu zweit sind regelmäßig niedriger als die eines Ein-Personen-Haushaltes/die Mietkosten können geteilt werden), hat ein Antrag auf Abänderung durchaus Aussicht auf Erfolg.

Besonders trickreiche Frauen haben aus diesem Grund davon abgesehen, einen gemeinsamen Wohnsitz mit dem neuen Partner zu begründen. Aber auch hier haben sich zwischenzeitlich hinreichend unterhaltspflichtige Ex-Ehemänner gewehrt, so dass in der Rechtsprechung nunmehr auch die „sozio-ökonomisch gefestigte Gemeinschaft" anerkannt ist. Hierbei geht es um eine Partnerschaft zwischen zwei Menschen, wobei der getrennte Wohnsitz offensichtlich nur aus unterhaltsrechtlichen Gründen beibehalten werden soll.

Die Rechtsprechung beurteilt diese Lebensgemeinschaft als gleichwertig mit einer nichtehelichen Lebensgemeinschaft, wenn die Partner sich regelmäßig sehen, regelmäßige Übernachtungen stattfinden und auch ansonsten in einer Weise gemeinsam auftreten, dass Dritte nicht auf den Gedanken kämen, hier kein Paar vor sich zu sehen.

Der Gesetzgeber hat dieser Entwicklung mit der Schaffung des neuen Verwirkungstatbestandes in § 1579 Nr. 7 BGB Rechnung getragen:

9

 § 1579 Nr. 2 BGB   Beschränkung oder Versagung des Unterhalts wegen grober Unbilligkeit

Ein Unterhaltsanspruch ist zu versagen, herabzusetzen oder zeitlich zu begrenzen, soweit die Inanspruchnahme des Verpflichteten auch unter Wahrung der Belange eines dem Berechtigten zur Pflege oder Erziehung anvertrauten gemeinschaftlichen Kindes grob unbillig wäre, weil

(...)

2. der Berechtigte in einer verfestigten Lebensgemeinschaft lebt,

(...)

Praxis-Tipp:

Nach Abschaffung der Schuldfrage im Familienrecht ist dies einer der wenigen Punkte, an denen der Einsatz eines Detektivs sinnvoll sein kann. Sollten Sie den Verdacht haben, dass Ihre geschiedene Ehefrau eine intensive Beziehung zu einem anderen Mann unterhält, sie nach außen als Paar auftreten und ein Zusammenziehen lediglich aus dem Grund nicht erfolgt, weil dadurch der Unterhaltsanspruch erlöschen könnte, sollten Sie einen Detektiv einschalten.

Das Ergebnis einer Beobachtung ist im familienrechtlichen Verfahren ein geeigneter Nachweis dafür, dass die Befragung des dann zu benennenden Zeugen günstig verlaufen wird. Hat der Lebensgefährte als Zeuge in diesem Verfahren nämlich erst ausgesagt, dass er eine intensive Beziehung mit der geschiedenen Ehefrau unterhält, ist die Abänderung des Unterhaltsanspruchs so gut wie sicher.

Hat Ihre geschiedene Ehefrau sich als besonders trickreich über einen langen Zeitraum bemüht, diese schon sehr intensive Beziehung zu verstecken, kann sogar von einer vollständigen Verwirkung des Unterhaltsanspruchs ausgegangen werden, sofern es Ihnen (unter Zuhilfenahme Ihres Rechtsanwalts) gelingt, den Beweis für diese „Verdeckungsabsicht" zu erbringen.

Sie haben eine neue Beziehung oder weitere Kinder

Eine Unterhaltsverpflichtung gegenüber einer neuen Partnerin besteht nur dann, wenn diese mit Ihnen verheiratet ist, oder, wenn Sie nicht miteinander verheiratet sind und ein gemeinschaftliches Kind haben. Der sogenannte Betreuungsunterhalt der Mutter eines nichtehelichen Kindes gemäß § 1615l Abs. 2 BGB steht der Mutter frühestens ab vier Monate vor und grundsätzlich für drei Jahre nach der Entbindung zu sowie anschließend nach ähnlichen Gesichtspunkten wie beim Betreuungsunterhalt nach § 1570 BGB.

Darüber hinaus mindert nicht nur der Anspruch der nichtehelichen Mutter, sondern auch der Anspruch jedes weiteren Kindes den Unterhaltsanspruch Ihrer geschiedenen Ehefrau. Der Grund dafür liegt darin, dass die Unterhaltsverpflichtung gegenüber minderjährigen Kindern grundsätzlich vorrangig ist.

Wirkt sich der Kindesunterhalt, den Sie bezahlen, auf den Unterhaltsanspruch Ihrer Ehefrau aus?

Leistungen, die Sie für Kinder erbringen, und zwar für gemeinschaftliche Kinder und Kinder aus anderen Beziehungen, sind bei der Ermittlung des zur Verfügung stehenden Einkommens zu berücksichtigen.

Wie beim Trennungsunterhalt können auch hier vor Ermittlung des für den Ehegattenunterhalt relevanten Nettoeinkommens nicht nur die Krankenversicherungsbeiträge für die Kinder abgezogen werden, sondern auch die darüber hinaus erfolgenden Zahlungen (Selbstbehalt, Zusatzversicherungen).

Können Sie den Unterhaltsanspruch Ihrer Ehefrau abfinden?

Wie bereits dargestellt, ist eine Verzichtsvereinbarung auf Trennungsunterhalt unwirksam. Dies gilt jedoch nicht für eine Verzichtsvereinbarung, sofern diese sich ausschließlich auf den nachehelichen Unterhaltsanspruch bezieht.

9

Dabei kann dieser Verzicht entweder den gesamten Unterhaltsanspruch nach Scheidung der Ehe umfassen oder nur Teile, nämlich beispielsweise den Verzicht auf

- Unterhalt für den Fall des Alters
- Unterhalt für den Fall der Krankheit
- Unterhalt für den Fall der Not
- Altersvorsorgeunterhalt

Es ist zulässig, entweder nur Teilbereiche auszuschließen oder aber einen Gesamtverzicht abzugeben.

Häufig erscheint die Abfindungssumme, die für diese Unterhaltsabfindung gezahlt wird, sehr hoch. Es ist dabei jedoch nicht nur die Dauer der Ehe zu berücksichtigen, sondern auch die Dauer der potenziellen Zahlungen, die noch erfolgen.

Aufseiten der Ehefrau spricht vieles für eine Unterhaltsabfindung, wenn diese noch recht jung ist und somit davon ausgehen kann, dass sie eine weitere Partnerschaft eingehen wird. Dann nämlich würde sie ihren laufenden Unterhaltsanspruch auf laufende Zahlungen ohnehin verlieren.

In manchen Situationen ist es auch angezeigt, den Unterhaltsanspruch der Ehefrau mit einer Einmalzahlung abzufinden, damit diese beispielsweise das Eigenheim übernehmen/finanzieren kann. In diesem Fall ist es von Vorteil, dass nicht nur die Immobilienfrage gelöst ist, sondern Sie auch jeglicher Unterhaltszahlung für die Zukunft entbunden sind.

Für Sie ist eine Unterhaltsabfindung dann vorteilhaft, wenn Sie davon ausgehen, weitere Einkommenszuwächse in der Zukunft zu erzielen. Eine Abfindung beendet ein für alle Mal jede Diskussion um Unternehmensbeteiligungen, Gehaltserhöhungen oder Tantiemen.

Praxis-Tipp:

Die Ermittlung des Abfindungsbetrages erfolgt aufgrund der Bar- und Endwertberechnung. Es wird daher anhand eines zusätzlichen Zinsbetrages und der Anzahl der voraussichtlich geschuldeten Monatsraten der Barwert dieser Zahlungen, der Endwert berechnet, durch die Abzinsung erhält man dann einen Barwert, der üblicherweise erheblich niedriger ist.

Aufgrund der Verhandlungen, die dann zu führen sind, sollten Sie mit Ihrem Rechtsanwalt eine entsprechende Vorgehensweise entwickeln, sofern die Abfindung für Sie ratsam ist. Manchmal ist die Aufnahme eines Darlehens zur Finanzierung dieser Abfindung lohnender als das Risiko, für einen langen Zeitraum Unterhalt zahlen zu müssen. Je höher die Abfindungssumme ist, desto umfassender sollte der Verzicht sein, damit Sie nicht zusätzlichen wirtschaftlichen Risiken ausgesetzt sind.

Beispiel:

Der Ehemann schuldet 500 EUR monatlichen Ehegattenunterhalt. Die Ehefrau ist 38 Jahre, das gemeinsame Kind 2 Jahre alt. Das bedeutet, dass der Ehemann sich auf eine volle Unterhaltspflicht für mindestens fünf Jahre einstellen muss (bis das Kind eingeschult wird) und dann das Risiko trägt, dass seine Ehefrau nicht oder nur schwer den Wiedereinstieg in die Arbeitswelt findet. Ist die Ehefrau geschickt, weist sie ihre Bemühungen um einen Arbeitsplatz laufend und hinreichend nach und hat damit die ihr obliegenden Verpflichtungen erfüllt. Findet sie dennoch keine adäquate Arbeit, muss der Ehemann weiterzahlen.

Gehen wir einmal davon aus, dass es weitere drei Jahre in Anspruch nimmt, bis die Ehefrau eine Stelle gefunden hat. Damit erlischt der Unterhaltsanspruch jedoch noch nicht. Er reduziert sich und kann gegebenenfalls wieder aufleben, wenn die Ehefrau beispielsweise die Stelle in der Probezeit verliert. Auch dieses Risiko trägt wieder der Ehemann. Berücksichtigt man jedoch für die Barwertberechnung nur den Zeitraum von acht Jahren und einen monatlichen Betrag von 500 EUR, so ergibt dies bei einem Zinssatz von 3 Prozent einen Endwert dieser Zahlungen von 54 173,69 EUR, dagegen einen Barwert von 42 627,30 EUR. Allein der finanzielle Vorteil liegt daher bei 11 546,39 EUR!

9

Der Zugewinn

10

Was bedeutet Zugewinn?

Die Zugewinngemeinschaft ist der gesetzliche Güterstand, der für jedes Ehepaar gilt, das keinen Ehevertrag vor oder während der Ehe geschlossen hat, um diesen Güterstand zu verändern oder auszuschließen.

§ 1363 Abs. 2 BGB bestimmt:

Das Vermögen des Mannes und das Vermögen der Frau werden nicht gemeinschaftliches Vermögen der Ehegatten; dies gilt auch für Vermögen, das ein Ehegatte nach der Eheschließung erwirbt. Der Zugewinn, den die Ehegatten in der Ehe erzielen, wird jedoch ausgeglichen, wenn die Zugewinngemeinschaft endet.

Dieser Text betrifft zunächst einmal drei verschiedene Zeiträume:

- Das Vermögen der Eheleute bis zur Eheschließung.
- Das Vermögen der Eheleute während der Dauer der Ehe.
- Das Vermögen der Eheleute bei Beendigung des Güterstandes.

Das Vermögen der Eheleute bis zur Eheschließung wird Anfangsvermögen genannt. Ermittelt wird es gemäß § 1374 Abs. 1 BGB durch nachfolgende Berechnung:

10

Vom Vermögen des Ehegatten bei Eheschließung werden dessen Verbindlichkeiten bis zur Höhe des Vermögens abgezogen. Durch die Beschränkung auf die Abzugsfähigkeit bis zur Höhe des Vermögens war bis 31.08.2009 ein rechnerisches Mindestvermögen von „null" gewährleistet.

Wie setzt sich das Anfangsvermögen zusammen?

Dieses Anfangsvermögen verbleibt grundsätzlich im Eigentum des Ehegatten. Änderungen erfährt diese simple Feststellung lediglich durch die §§ 1371 bis 1390 BGB.

§ 1374 BGB   Anfangsvermögen

(1) Anfangsvermögen ist das Vermögen, das einem Ehegatten nach Abzug der Verbindlichkeiten beim Eintritt des Güterstands gehört.

(2) Vermögen, das ein Ehegatte nach Eintritt des Güterstands von Todes wegen oder mit Rücksicht auf ein künftiges Erbrecht, durch Schenkung oder als Ausstattung erwirbt, wird nach Abzug der Verbindlichkeiten dem Anfangsvermögen hinzugerechnet, soweit es nicht den Umständen nach zu den Einkünften zu rechnen ist.

(3) Verbindlichkeiten sind über die Höhe des Vermögens hinaus abzuziehen.

Der Wert des Anfangsvermögens

Gemäß § 1376 Abs. 1 BGB erfolgt die Wertermittlung des Anfangsvermögens dadurch, dass der Wert zugrunde gelegt wird, den das bei der Eheschließung vorhandene Vermögen in diesem Zeitpunkt hatte.

Daraus folgt, dass bei der Ermittlung des Anfangsvermögens ein Haus, welches beispielsweise bei Eheschließung 170 000 EUR wert war, mit diesem Wert in Ansatz gebracht wird. Bei der Wertermittlung zum Stichtag wird daher dieser Wert durch die sogenannte Indexierung dem Geldwert angepasst, den der Betrag von 170 000 EUR zum Stichtag hatte.

10

Wenn sich während der Ehe der Wert des Hauses verändert, unterfällt diese Wertsteigerung gerade nicht dem Anfangsvermögen.

Beispiel:

Tag der Eheschließung ist der 14.04.1987. Die Ehefrau ist zu diesem Zeitpunkt Eigentümerin eines Hauses in X-Stadt im Wert von 170 000 EUR, sonstiges Vermögen hat sie nicht. Der Ehemann dagegen hat ein Wertpapierdepot, dessen Wert zum Zeitpunkt der Eheschließung 135 000 EUR wert ist. Es kommt zu einem Börsencrash, die Preise für Immobilien steigen erheblich, die Aktienpreise fallen in den Keller.

Die Zustellung des Scheidungsantrags erfolgt am 01.06.2003. Zum Stichtag ergibt sich folgende Berechnung:

Das Haus der Ehefrau ist nunmehr 300 000 EUR wert, das Wertpapierdepot des Ehemannes nur noch 50 000 EUR.

Für das Anfangsvermögen der Ehefrau bedeutet dies, dass bei einer Veränderung des Lebenshaltungsindexes von (14.04.1987: Index 80,30 – 01.06.2003: Index 110,90) über den Zeitraum von zwei Jahren das Haus der Ehefrau mit einem Wert von 234 782,07 EUR anzusetzen ist, obwohl auf dem Markt nunmehr 300 000 EUR erzielbar wären.

Für das Anfangsvermögen des Ehemannes bedeutet dies, dass das Wertpapierdepot mit 186 444,58 EUR anzusetzen ist, obwohl es tatsächlich derzeit nur 50 000 EUR wert ist.

Das negative Anfangsvermögen

Mit der zum 01.09.2009 in Kraft getretenen Güterrechtsreform ergab sich eine grundlegende Änderung des Güterrechts: Bei der Ermittlung des Zugewinns ist nun das sogenannte negative Anfangsvermögen zu berücksichtigen.

Nach alter Rechtslage wurde ein negatives Anfangsvermögen immer mit „null" angesetzt. Nunmehr sind Verbindlichkeiten über das Vermögen hinaus abzuziehen, das heißt, ein negatives Anfangsvermögen in die Vermögensbilanz einzustellen.

10

Beispiel:

Stefan hat bezogen auf das Datum der Eheschließung am 02.05.2005 ein Anfangsvermögen von minus 60 000 EUR und ein Endvermögen bei der Zustellung des Scheidungsantrages am 09.02.2010 von 0 EUR. Seine Frau Emma dagegen hat ein Anfangsvermögen von 0 EUR und ein Endvermögen von 60 000 EUR.

Nach alter Rechtslage wurde das negative Anfangsvermögen beim Ehemann nicht berücksichtigt, der Wert im Anfangsvermögen wurde mit „null" angesetzt. Stefan hatte daher keinen Zugewinn erwirtschaftet, obwohl er 60 000 EUR Schulden während der Ehe getilgt hat.

Emma musste, weil sie positiven Zugewinn erwirtschaftet hat, diesen in Höhe der Hälfte, das heißt 30 000 EUR ausgleichen.

Nach neuer Rechtslage werden in die Bilanz im Anfangsvermögen des Ehemannes die Verbindlichkeiten mit minus 60 000 EUR eingestellt. Im Laufe der Ehezeit wurden diese Schulden vollständig zurückgeführt, so dass Stefan damit einen wirtschaftlichen Zugewinn von 60 000 EUR erzielt hat.

Emmas Zugewinn beträgt nach wie vor ebenfalls 60 000 EUR. Allerdings findet kein Zugewinnausgleich statt, weil beide in der Ehe den gleichen Zugewinn erwirtschaftet haben.

Zurechnungstatbestände

Die §§ 1371 ff. BGB normieren sogenannte Zurechnungstatbestände.

§ 1374 Abs. 2 BGB legt fest:
Vermögen, das ein Ehegatte nach Eintritt des Güterstands von Todes wegen oder mit Rücksicht auf ein künftiges Erbrecht, durch Schenkung oder als Ausstattung erwirbt, wird nach Abzug der Verbindlichkeiten dem Anfangsvermögen hinzugerechnet, soweit es nicht den Umständen nach zu den Einkünften zu rechnen ist.

10

Von Todes wegen oder mit Rücksicht auf ein künftiges Erbrecht

Hierunter versteht man all das Vermögen, das der Ehegatte dadurch erwirbt, dass ein anderer stirbt und er hierdurch gesetzlich oder per letztwilliger Verfügung (beispielsweise Testament oder Vermächtnis) einen Vermögenszuwachs erfährt. Mit Rücksicht auf ein künftiges Erbrecht betrifft insbesondere die Fälle, in denen Eltern und Kinder vorzeitigen Erbausgleich dadurch betreiben, dass sie Vermögenswerte ihren Kindern „überschreiben".

Durch Schenkung oder als Ausstattung

Unter Schenkung versteht man hier nur die Schenkung im Sinne der §§ 516 ff. BGB, das heißt nicht ersparte Aufwendungen (beispielsweise durch die Mithilfe in der Firma des anderen). Der

Der Zugewinn

Begriff der Ausstattung stammt noch aus der Zeit, als es gemeinhin noch üblich war, Kinder für die Eheschließung auszustatten, man denke beispielsweise an Aussteuerversicherungen, die auch noch heute existieren.

Gemäß § 1376 Abs. 1 BGB wird bei Wertermittlung des Anfangsvermögens das Zurechnungsvermögen mit dem Wert hinzugerechnet, den es im Zeitpunkt des Erwerbes hatte.

Beispiel:

Am 06.12.2001 stirbt die Großtante der Ehefrau und hinterlässt ihr ein Sparbuch mit 10 000 EUR. Der Ehemann bekommt im selben Jahr zu Weihnachten von seiner Schwester deren Oldtimer im Wert von 57 000 EUR geschenkt.

Das Anfangsvermögen der Ehefrau wird somit um den Wert des Sparbuchs erhöht, das des Ehemannes um den Wert des Oldtimers. Beide Werte werden wieder indexiert, das heißt im Zeitpunkt des Erwerbs – im Dezember 2001 – im Verhältnis zum Lebenshaltungsindex dem tatsächlichen Geldwert zum Stichtag am 01.06.2003 angepasst. Es erfolgt demnach eine Hinzurechnung von 10 137,11 EUR zum Anfangsvermögen der Ehefrau, zum Anfangsvermögen des Ehemannes werden 57 781,54 EUR hinzugerechnet.

Das Vermögen der Ehegatten während der Dauer der Ehe

In § 1364 BGB hält der Gesetzgeber fest, dass jeder Ehegatte sein Vermögen selbstständig verwaltet; er ist jedoch in der Verwaltung seines Vermögens nach Maßgabe der §§ 1365 ff. BGB beschränkt.

Wenn Ihre Ehefrau das gesamte Vermögen verschenkt

Nach § 1365 BGB gilt, dass ein Ehegatte nur mit Zustimmung des anderen über sein Vermögen im Ganzen verfügen kann.

Der Schutz des § 1365 BGB bezweckt in erster Linie, dass der Ehegatte von Vermögensverfügungen seines Ehegatten informiert werden muss, damit nicht eventuell Vermögen verschoben wird, welches dann im Wege des güterrechtlichen Ausgleichs am Ende der Ausgleichsgemeinschaft nicht mehr vorhanden ist.

Dies betrifft jedoch auch ganz simple Fälle, in denen beispielsweise nur einer der Ehegatten eingetragener Eigentümer eines Hauses ist und dies nun während der Ehe veräußern möchte.

 Wichtige Gerichtsentscheidung

Wie die nachfolgende Entscheidung des OLG Jena vom 05.03.2001 (Az.: 6 W 88/01, abgedruckt in NJW 2001, 432) zeigt, ist aber positive Kenntnis des Grundbuchamtes/des Vertragspartners von der Tatsache erforderlich, dass es sich um praktisch das ganze Vermögen handelt, damit die Unwirksamkeit der Verfügung vorliegt.

„Hat ein Ehegatte über ein ihm gehörendes Grundstück verfügt, prüft das Grundbuchamt, ob ein Rechtsgeschäft vorliegt, das der Zustimmung des anderen Ehegatten nach § 1365 Abs. 1 BGB bedarf. Da gemäß § 1364 BGB ein im gesetzlichen Güterstand verheirateter Mensch uneingeschränkt über sein Vermögen verfügen kann, liegt die Annahme nahe, dass das Grundbuchamt den Genehmigungsfall des § 1365 Abs. 1 BGB nur dann bejahen darf, wenn ihm positiv bekannt ist, dass nach der Eigentumsumschreibung der Veräußerer kein nennenswertes Vermögen mehr hat.“

10

Praxis-Tipp:

Wenn Sie vermuten, dass Ihre Ehefrau das ihr gehörende Grundstück, das praktisch ihr gesamtes Vermögen darstellt, verschenken oder verkaufen möchte, informieren Sie vorab das Grundbuchamt darüber, dass Sie mit Ihrer Ehefrau im gesetzlichen Güterstand der Zugewinngemeinschaft leben und hierzu die Zustimmung nicht erteilen werden.

Gilt das auch für den gemeinsamen Haushalt?

Nach § 1369 BGB kann ein Ehegatte über ihm gehörende Gegenstände des ehelichen Haushalts nur verfügen und sich zu einer solchen Verfügung auch nur verpflichten, wenn der andere einwilligt.

Leben die Eheleute dagegen getrennt voneinander, kann jeder wieder über die ihm gehörenden Gegenstände verfügen.

Wichtige Gerichtsentscheidung

Was zum ehelichen Hausrat gehört, ist häufig einzelfallabhängig. Häufiger als bewusst dürfte der eigene Pkw jedoch von § 1369 BGB betroffen sein, wie die Entscheidung des LG Ravensburg vom 31.03.1995 zeigt (Az.: 3 O 2221/94, abgedruckt in FamRZ 1995, 1585), kann aber auch der Verkauf einer Yacht zustimmungspflichtig nach § 1369 BGB sein: „Eine Segelyacht im Wert von 140 000,00 EUR ist jedenfalls dann Hausratsgegenstand, wenn sie von den Eheleuten gemeinschaftlich genutzt wurde und die Eheleute darüber hinaus über beträchtliches weiteres Vermögen verfügen."

10

Praxis-Tipp:

Führen Sie möglichst rasch eine Aufteilung der Fahrzeuge herbei, die von Ihnen und Ihrer Ehefrau gefahren werden. Treffen Sie hier auch die Entscheidung über der Pflicht, die Kfz-Steuer und die Versicherungskosten zu tragen. Halten Sie die Einigung schriftlich fest.

Was ist Endvermögen?

Das Vermögen der Ehegatten bei Beendigung des Güterstandes wird als Endvermögen bezeichnet. Ermittelt wird es gemäß § 1375 BGB durch nachfolgende Berechnung:

Vom Vermögen des Ehegatten zum Stichtag werden dessen Verbindlichkeiten abgezogen. Eine Beschränkung auf die Abzugsfähigkeit bis zur Höhe des Vermögens gilt für die Ermittlung des Endvermögens nicht.

Wert des Endvermögens

Gemäß § 1376 Abs. 2 BGB erfolgt die Wertermittlung des Endvermögens dadurch, dass der Wert zugrunde gelegt wird, den das bei Beendigung des Güterstandes vorhandene Vermögen in diesem Zeitpunkt hatte.

Zeitpunkt der Wertermittlung des Endvermögens

Der Güterstand kann auf drei Arten beendet werden:

- durch vertragliche Aufhebung
- durch den Tod eines der Ehegatten
- durch Ehescheidung

Die Zeitpunkte für die Wertermittlung des Endvermögens in den ersten beiden Fällen sind relativ einfach zu bestimmen. Bei der vertraglichen Aufhebung kann entweder ein Zeitpunkt vereinbart werden, oder es gilt der Tag der notariellen Beurkundung.

Beim Tod eines der Ehegatten ist als Zeitpunkt der Wertermittlung der Todestag des Ehegatten maßgeblich.

Wenn weder Vertrag noch Tod die Zugewinngemeinschaft beenden, gilt gemäß § 1384 BGB als Stichtag für die Wertermittlung der Tag, an dem der Scheidungsantrag dem anderen Ehegatten durch das Gericht förmlich zugestellt wird.

10

Beispiel: ─────────────────────────

In unserem Beispielsfall war die Zustellung des Scheidungsantrags am 01.06.2003 erfolgt, so dass der Wert der Endvermögen zu diesem Zeitpunkt zu ermitteln ist.

Das Haus der Ehefrau hatte zwischenzeitlich einen Marktwert von 300 000 EUR erreicht, das Sparbuch war auf 12 500 EUR angewachsen. Sie verfügte somit über ein Endvermögen von (300 000 EUR + 12 500 EUR =) 312 500 EUR.

Wegen des Börsencrashs war das Wertpapierdepot des Ehemannes zum Stichtag nur noch 50 000 EUR wert, der Oldtimer war dagegen im Wert gestiegen, sodass er einen Listenpreis von 66 500 EUR hatte. Der Ehemann verfügt somit über ein Endvermögen von (50 000 EUR + 66 500 EUR =) 116 500 EUR.

Der Zugewinn

Zurechnungstatbestände

Auch hinsichtlich der Berechnung des Endvermögens sind Zurechnungstatbestände im Gesetz formuliert. Durch die Anwendung des § 1375 Abs. 2 BGB ist dem Endvermögen hinzuzurechnen, was der Ehegatte nach Eintritt des Güterstandes

- an unentgeltlichen Zuwendungen gemacht hat, durch die er nicht einer sittlichen Pflicht oder einer auf den Anstand zu nehmenden Rücksicht entsprochen hat,
- verschwendet hat oder
- durch Handlungen in der Absicht vorgenommen hat, den anderen zu benachteiligen.

Grenzen erfährt diese Zurechnung unter zwei Einschränkungen, so dass gemäß § 1375 Abs. 3 BGB der Betrag der Vermögensminderung dem Endvermögen nicht hinzugerechnet wird, wenn sie mindestens zehn Jahre vor Beendigung des Güterstandes eingetreten ist oder wenn der andere mit der unentgeltlichen Zuwendung oder der Verschwendung einverstanden gewesen ist.

Beispiel: ──────────────────────────

Ihre Ehefrau erfährt, dass Sie sich tatsächlich scheiden lassen wollen. Bevor ihr der Antrag auf Scheidung zugestellt werden kann, überträgt sie ihr Sparbuch auf eine Freundin.

Da Ihre Ehefrau durch diese Schenkung nicht einer sittlichen Pflicht entsprochen hat, ist ihrem Endvermögen der Wert des Sparbuchs hinzuzurechnen.

Was geschieht beim Zugewinnausgleich?

Das Wesen der Zugewinngemeinschaft ist, dass zum Ende des Güterstandes der Überschuss, den die Ehegatten während der Dauer des Güterstandes erzielt haben, das heißt die Differenz zwischen Anfangs- und Endvermögen, ausgeglichen wird.

Das bedeutet, dass für beide Ehegatten eine „Bilanz" erstellt wird, bei der sich jeweils Anfangs- und Endvermögen gegenüberstehen.

Wenn wir zu der vorgenannten Situation zurückkehren, lautet für diese deren Ausgleichsbilanz wie folgt:

Beispiel:

Für die Ehefrau:

Die Ehefrau hatte zu Beginn der Ehe ein Haus im Wert von 170 000 EUR, welches heute einem realen Wert von 234 782,07 EUR entspricht. Hinzuzurechnen ist ihrem Anfangsvermögen das Sparbuch ihrer verstorbenen Großtante, welches mit 10 137,11 EUR hinzuzurechnen ist. Sie hatte somit ein Anfangsvermögen von 244 919,18 EUR.

Als Endvermögen wird ein Vermögen von 312 500 EUR ermittelt.

Das Vermögen der Ehefrau hat demnach während der Dauer des Güterstandes einen Zuwachs von

(312 500 EUR – 244 919,18 EUR =) 67 580,82 EUR

erfahren.

Für den Ehemann:

Der Ehemann hatte zu Beginn der Ehe ein Wertpapierdepot im Wert von 135 000 EUR, welches heute einem realen Wert von 186 444,58 EUR entspricht. Hinzuzurechnen ist seinem Anfangsvermögen der Oldtimer, den er von seiner Schwester zu Weihnachten bekommen hatte, mit einem Wert von 57 781,54 EUR. Der Ehemann hatte somit ein Anfangsvermögen von

244 226,12 EUR.

Als Endvermögen wird ein Vermögen von 116 500 EUR ermittelt.

Das Vermögen des Ehemannes hat somit während der Dauer des Güterstandes einen Verlust von

(116 500 EUR – 244 226,12 EUR =) – 127 726,12 EUR

erfahren.

10

Ein Verlust während der Dauer des Güterstandes findet zwar nicht statt, da das Endvermögen immer mit mindestens „null" anzusetzen ist, wohl aber findet nun eine mittelbare Teilhabe der Ehefrau am Verlust des Ehemannes statt. Die Ehefrau hat nämlich während der Dauer des Güterstandes einen Gewinn erwirtschaftet, so dass der Ausgleich allein durch sie erfolgt, und zwar in Höhe des hälftigen Überschusses.

In unserem Fall muss daher die Ehefrau Zugewinnausgleich in Höhe von (67 580,82 EUR ./. 2 =) 33 790,41 EUR zahlen.

Wichtig: Seit 01.09.2009 steht den Eheleuten, die im gesetzlichen Güterstand der Zugewinngemeinschaft leben, auch ein Anspruch auf Auskunft über den Bestand des Vermögens im Trennungszeitpunkt zu.

Praxis-Tipp:

Versuchen Sie möglichst frühzeitig eine Einigung über den Trennungszeitpunkt (welcher Tag?) zu erzielen. Seien Sie sich bewusst, dass ein höheres Vermögen im Trennungszeitpunkt als zum Endvermögensstichtag „automatisch" zu der Vermutung führt, Sie hätten Vermögen beiseite geschafft. Eine möglichst sorgfältige Buchführung über Ausgaben (und Einnahmen) kann hier außerordentlich hilfreich sein!

10

Gibt es zeitliche Schranken oder Begrenzungen in der Höhe?

Verjährung des Zugewinnausgleichsanspruchs

Grundsätzlich verjährt der Ausgleichsanspruch gemäß § 195 BGB innerhalb von drei Jahren nach Zustellung des Scheidungsantrags oder durch eine der anderen Varianten der Beendigung des Güterstandes.

Gemäß § 207 BGB ist die Verjährung von Ansprüchen zwischen Ehegatten jedoch so lange gehemmt, solange die Ehe besteht. Am Tag der Rechtskraft des Scheidungsurteils beginnt die Drei-Jahres-Frist damit regelmäßig zu laufen.

> **Praxis-Tipp:**
> Häufig wird im Termin zur Entscheidung gefragt, ob auf Rechtsmittel verzichtet wird. Dies bedeutet nicht nur, dass Sie sich ab diesem Verzicht nicht mehr gegen den Scheidungsausspruch als solchen wehren können, sondern auch, dass ab diesem Tag die Drei-Jahres-Frist läuft!

Begrenzung der Forderung auf das tatsächlich noch vorhandene Vermögen

Die Ausgleichsforderung ist der Höhe nach begrenzt auf den Wert des Vermögens, das dem Schuldner bei Beendigung des Güterstandes (Zustellung des Scheidungsantrags) tatsächlich noch zur Verfügung steht. Die sich nach Satz 1 ergebende Begrenzung der Ausgleichsforderung erhöht sich in den Fällen des § 1375 Absatz 2 Satz 1 um den dem Endvermögen hinzuzurechnenden Betrag.

10

Diese Regelung ist nur interessant für die Fälle, in denen ein Zurechnungstatbestand erfüllt ist. Zwar wird das Endvermögen um den Wert des „verschwendeten" Vermögens erhöht, wenn aber tatsächlich kein Vermögen vorhanden ist, wird eine Ausgleichsforderung, die dem anderen Ehegatten zwar rechnerisch zusteht, der Höhe nach begrenzt.

Stundung der Forderung durch das Familiengericht

Zum einen gibt es die Möglichkeit, die Ausgleichsforderung zu stunden. Das heißt, das Familiengericht kann dem ausgleichsverpflichteten Ehegatten gemäß § 1382 BGB gestatten, die Forderung später zu begleichen, aber nur, wenn diese vom Schuldner nicht bestritten wird und wenn die sofortige Zahlung auch unter Berücksichtigung der Interessen des Gläubigers zur

Der Zugewinn

Unzeit erfolgen würde. Dabei geht das Gesetz davon aus, dass die sofortige Zahlung auch dann zur Unzeit erfolgen würde, wenn sie die Wohnverhältnisse oder sonstigen Lebensverhältnisse gemeinschaftlicher Kinder nachhaltig verschlechtern würde.

Übertragung von Vermögensgegenständen durch das Familiengericht

Für den Fall, dass der Ausgleichsverpflichtete über kein Barvermögen verfügt, kann das Familiengericht unter Anrechnung auf die Ausgleichsforderung gemäß § 1383 BGB auch Vermögensgegenstände auf den ausgleichsberechtigten Ehegatten übertragen. So ist durchaus denkbar, dass das Familiengericht beispielsweise ein Grundstück des ausgleichsverpflichteten Ehegatten auf den anderen überträgt, und hierdurch entweder die ganze oder eine teilweise Erfüllung der Ausgleichsforderung eintritt.

Grenzen der Ausgleichspflicht

Die Ausgleichspflicht besteht nicht, soweit der Ausgleich des Zugewinns nach den Umständen des Falles grob unbillig wäre.

10

§ **Wichtige Gerichtsentscheidungen**

Bei Anwendung von § 1381 Abs. 2 BGB ergibt sich, dass grobe Unbilligkeit insbesondere vorliegt, wenn der Ehegatte, der den geringeren Zugewinn erzielt hat, längere Zeit hindurch die wirtschaftlichen Verpflichtungen, die sich aus der Ehe ergeben, schuldhaft nicht erfüllt hat. Dabei wird Augenmerk darauf zu richten sein, dass nach der bisherigen familienrechtlichen Rechtsprechung § 1381 Abs. 2 BGB nicht nur wirtschaftliche Verpflichtungen während des Zusammenlebens betrifft (so OLG Düsseldorf vom 21.01.1987, Az.: 5 UF 101/86, abgedruckt in FamRZ 1987, 821).

Auch die Entscheidung des OLG Köln vom 26.08.1997 zeigt (Az.: 4 UF 164/96, abgedruckt in FamRZ 1998, 1370), dass die Ausgleichsforderung des ausgleichsberechtigten Ehegatten „ausnahmsweise aus dem Gesichtspunkt der groben Unbilligkeit gemäß § 1381 Abs. 1 BGB wegen in der Vergangenheit in erheblicher Höhe (hier: über 70 000,00 DM) überzahlten Unterhalts gekürzt werden kann. Die erheblichen Überzahlungen bei der Bemessung des Zugewinnausgleichs außer Betracht zu lassen kann im Einzelfall zu einem unerträglichen Ergebnis führen, wenn die rechnerische Höhe der Ausgleichsforderung gerade durch die ungewöhnlich sparsame Lebensführung des Ausgleichspflichtigen maßgeblich beeinflusst ist."

Es sind daher alle Gesichtspunkte heranzuziehen, die für eine Beurteilung maßgeblich sein könnten.

Praxis-Tipp:

Sollten Sie der Auffassung sein, dass Ihre Ehefrau in der Vergangenheit erheblich zu viel Unterhalt bezogen hat und sich ansonsten jeder Verpflichtung aus der ehelichen Lebensgemeinschaft entzogen hat – hier ist unter anderem an die gemeinsame Steuererklärung zu denken –, fordern Sie Ihren Rechtsanwalt auf, den Antrag auf Kürzung des Zugewinnausgleichs wegen Unbilligkeit zu prüfen, gegebenenfalls auch einreichen zu lassen.

Unter Umständen verbessern Sie allein durch diesen Antrag Ihre Position für außergerichtliche Verhandlungen mit Ihrer Ehefrau.

10

Das Sorgerecht

11

Gemeinsame Sorge

Auch in diesem Kapitel geht es ausschließlich um gemeinschaftliche Kinder, so dass die besondere Situation der Trennung einer nichtehelichen Lebensgemeinschaft bei gemeinsamer Sorge für die hieraus hervorgehenden Kinder nicht angesprochen wird.

Nachdem wir bereits in Kapitel 3 über die wahrscheinliche Situation gesprochen haben, dass nach der Trennung von Ihrer Ehefrau die Kinder bei ihrer Mutter verbleiben werden, können Sie im Normalfall davon ausgehen, dass sich diese Situation bis zum Zeitpunkt der Entscheidung über den Ehescheidungsantrag verfestigt hat.

Das Sorgerecht wurde früher von den Familiengerichten „automatisch" mit der Ehescheidung geklärt, da die herrschende Regelung bis zum Inkrafttreten des Kindschaftsrechtsreformgesetzes davon ausging, dass eine Ehescheidung notwendigerweise auch die Übertragung der elterlichen Sorge auf einen der beiden Elternteile bedeuten sollte.

Wichtige Gerichtsentscheidung

Hiergegen haben sich viele Eltern gewehrt, die auch nach der Scheidung ihrer Ehe einen vernünftigen und praktikablen Umgang miteinander hatten und nicht einsehen konnten und wollten, weswegen sie in ihrer Elternschaft einseitig beschränkt werden. Einen Erfolg erzielten diese Eltern bereits im Jahr 1982, als das Bundesverfassungsgericht im Urteil vom 03.11.1982 (Az.: I BvL 25/80, abgedruckt in NJW 1983, 101) entschied, dass die damals geltende Regelung, wonach ein gemeinsames Sorgerecht geschiedener Ehegatten für ihre Kinder ausgeschlossen sein sollte, wenn sie willens und geeignet sind, die Elternverantwortung zum Wohle des Kindes weiterhin zusammen zu tragen, deren Elternrecht des Art. 6 Abs. 2 Satz 1 Grundgesetz verletze.

Umgesetzt wurde diese Entscheidung des Bundesverfassungsgerichts durch das Kindschaftsrechtsreformgesetz, das am 01.08.1998 in Kraft trat. Es lagen 16 Jahre zwischen der Entscheidung des Bundesverfassungsgerichts und dem Inkrafttreten des Gesetzes!

Damit ist es jedoch nunmehr so, dass im Zusammenhang mit Ihrer Scheidung kein Ausspruch über das Sorgerecht bezüglich der gemeinschaftlichen Kinder erfolgt. Ausnahme ist hier die Antragstellung. Jeder der beiden Elternteile kann beantragen, dass im Zusammenhang mit der Ehescheidung auch das Sorgerecht für ein gemeinschaftliches Kind übertragen wird.

Dann wird das Familiengericht erneut auf die bekannten Grundsätze zurückgreifen und eine Kindeswohlprüfung vornehmen.

Notwendige Verständigung

Kennzeichnendes Merkmal der Entscheidungen der Familiengerichte in den vergangenen Jahren, die die Übertragung der elterlichen Sorge für gemeinschaftliche Kinder auf einen Elternteil (häufig die Mutter) betrafen, waren Verfahren, in denen die Entscheidungsnotwendigkeit damit begründet wurde, dass eine Verständigung mit dem anderen Elternteil nicht möglich gewesen sei.

 Wichtige Gerichtsentscheidungen

Dabei stellen die Familiengerichte bislang ebenfalls hohe Anforderungen an den Vorwurf der mangelnden Kooperation. Es reicht dabei nicht aus, dass die Mutter dem Vater vorwirft, er habe für das Kind nicht genügend Zeit gehabt und es zu oft seiner Mutter überlassen oder er habe gesundheitliche Beeinträchtigungen des Kindes nicht ernst genommen. Das OLG Oldenburg entschied hierzu im Urteil vom 10.07.1998 (Az.: 14 UF 35/98, abgedruckt in FamRZ 1998, 1464), dass dies für Vorwürfe lediglich „Ausdruck zweier partiell unterschiedlicher Auffassungen von Erziehung und Betreuung seien, die der Ausübung der elterlichen Sorge aber nicht entgegenstünden. Unterschiedliche Auffassungen zu einzelnen Erziehungsfragen seien im Übrigen jeder Beziehung immanent und änderten nichts daran, dass zwischen den Eltern ein Grundkonsens bestehe".

Die Rechtsprechung der Oberlandesgerichte ist vielmehr dazu übergegangen, den Eltern stringentere Pflichten aufzuerlegen, die für diese auch häufig eine Belastung bedeuten. Den Eltern ist nach einem Beschluss des OLG München vom 15.03.1999 (Az.: 26 UF 1502/98, abgedruckt in FamRZ 1999, 1006) zuzumuten, insofern „alle Anstrengungen zu unternehmen, in den für das Kind bedeutsamen Angelegenheiten zu einer Einigung zu gelangen".

11

Das Sorgerecht

Die Begründung dafür ist, dass nach Möglichkeit dafür Sorge getragen werden soll, dass dem Kind beide Elternteile vollwertig erhalten bleiben und nicht eine Aufspaltung in den ansprechbaren Elternteil und den besuchenden Elternteil erfolgt.

In den Fällen, in denen jedoch eine Kommunikation und Kooperation ausgeschlossen ist, weil es den Eltern nicht gelingt, sich zu verständigen, wird das Familiengericht zunächst eine Familienhilfemaßnahme anordnen. Dann werden die Eltern unter sozialpädagogischer Anleitung an Kooperationsgespräche herangeführt.

Sollte auch dieser Versuch einer Kommunikationsförderung scheitern, wird das Familiengericht dem Elternteil, bei dem die Kinder ihren Lebensmittelpunkt haben, voraussichtlich das alleinige Sorgerecht zusprechen. Je mehr Sie sich engagieren, eine Trennung der „Paarebene" von der „Elternebene" herbeizuführen, desto positiver wird sich das Gutachten des Jugendamtes auswirken.

Alltagsentscheidungen

Im Zusammenhang mit dem Kindschaftsrechtsreformgesetz hat der Gesetzgeber auch für den Alltag gesorgt. Selbst für den Fall, in dem es bei der gemeinsamen Sorge verbleibt, wurde eine Alleinentscheidungsbefugnis des Elternteils aufgenommen, der die Angelegenheiten des täglichen Lebens für das Kind wahrnimmt. Dies ist der Elternteil, bei dem das Kind seinen üblichen Aufenthaltsort hat. Voraussetzung für diese „Alltagsvollmacht" ist, dass der andere Elternteil mit dem Aufenthalt bei diesem einverstanden ist oder der Aufenthalt die Folge einer gerichtlichen Entscheidung (beispielsweise während der Dauer des Getrenntlebens) ist.

Der Umfang dieses Alleinentscheidungsrechts wird in § 1687 Abs. 1 Satz 3 BGB bestimmt: Angelegenheiten des täglichen Lebens sind danach solche, die häufig vorkommen und keine schwer abzuändernden Auswirkungen auf die Entwicklung des Kindes haben. Die Abgrenzung ist vorzunehmen gegenüber Angelegenheiten von erheblicher Bedeutung, für die weiterhin das Einvernehmen der sorgeberechtigten Eltern erforderlich ist. Die in Kapitel 3 bereits dargestellten Fragen zur Personensorge und Vermögenssorge sind danach gerade keine Angelegenheiten, in denen eine Alleinentscheidungsbefugnis „kraft Wohnsitz des Kindes" besteht.

Vielmehr sind dies „ganz banale Entscheidungen", beispielsweise ob ein Kind mit befreundeten Kindern und deren Eltern den Nachmittag verbringen darf, das Schwimmbad besuchen darf oder über das Wochenende verreisen kann.

Aufenthaltsbestimmungsrecht

Das Aufenthaltsbestimmungsrecht wird in den Fällen im Zusammenhang mit der Ehescheidung auf den beantragenden Elternteil übertragen werden, in denen das Familiengericht zu der Auffassung gelangt ist, dass wohl eine Entscheidung über das Sorgerecht notwendig sei, jedoch nicht alle Bereiche der Sorge betroffen sein sollten.

Tatsache ist jedoch, dass durch die Übertragung des Aufenthaltsbestimmungsrechts eine Aushöhlung des Sorgerechts erfolgt. Ab Übertragung des Aufenthaltsbestimmungsrechts ist nämlich die Kindesmutter nicht mehr verpflichtet, mit Ihnen über die Fragen des Aufenthaltes des Kindes zu diskutieren. Dies bedeutet auch, dass Sie wiederum den Umgangsregelungen ausgesetzt sind, die maßgeblich von der Person beeinflusst werden können, der das Aufenthaltsbestimmungsrecht für die Kinder zusteht.

11

Umgangsrecht

Ist einmal die elterliche Sorge um das Aufenthaltsbestimmungsrecht „erleichtert" worden, muss der Umgang gegebenenfalls gerichtlich geregelt werden. Auch hierfür wird das Familiengericht wieder das Jugendamt zu Rate ziehen, das im Wege der Familienhilfe Vorschläge zur Durchführung des Umgangs unterbreiten soll.

Die Rolle des Jugendamtes

Die Rolle des Jugendamtes ist durch das Kindschaftsrechtsreformgesetz maßgeblich gefestigt worden. War das Jugendamt zuvor „ein stützender Begleiter", ist es nunmehr „Zwangsbeteiligter" am Sorgerechtsverfahren. Die kritischen Folgen, die durch diese Machtstärkung eintreten können, sind bereits in Kapitel 3 angesprochen worden. Der Gefahrenkreis wiederholt sich im Zusammenhang mit der Ehescheidung dann, wenn eine Veränderung des gemeinsamen Sorgerechts beantragt ist.

Stellen Sie keinen Antrag, wird das Jugendamt nicht beteiligt. Der Familienrichter wird Sie dann lediglich darauf hinweisen, dass es die Möglichkeit der Familienhilfe beim Jugendamt gibt, sofern Schwierigkeiten auftreten. Jedoch werden Sie nicht verpflichtet, an Konfliktgesprächen teilzunehmen.

Anders sieht es aus, wenn der Antrag gestellt wurde und das Familiengericht zunächst die Meinung des Jugendamtes hören möchte. Dann kann es auch vorkommen, dass Sie eine Umgangsregelung nur unter der Auflage erzielen können, dass gleichzeitig Gespräche bei der Familienhilfe in Anspruch genommen werden.

11

Praxis-Tipp:

Wenn Sie die Einrichtungen der Jugendämter zur Familienhilfe scheuen, gibt es in vielen Städten die Möglichkeit, andere konfessionelle und nichtkonfessionelle Beratungsstellen in Anspruch zu nehmen. Auch diese dienen gegenüber dem Familiengericht als Nachweis für Ihre Bemühungen, Konflikte auf der Elternebene zu lösen.

Weiterführende Informationen über die Träger familienrechtlicher Beratungsstellen erhalten Sie bei der Caritas, dem Diakonischen Werk, der Evangelischen Kirche, dem Deutschen Roten Kreuz, der Arbeiterwohlfahrt und nicht zuletzt bei der „Bundeskonferenz für Erziehungsberatung – bke" (www.bke.de).

Dort erfahren Sie auch, welche Erziehungs- und Familienberatungsstellen in Ihrer Nähe in Frage kämen.

Hausrat und Ehewohnung

12

Wie verteilen Sie den Hausrat bei Scheidung?

Sofern der Hausrat zwischen den Ehegatten in der Zeit bis zur Ehescheidung noch nicht endgültig verteilt wurde, kann nun mit der Entscheidung über die Ehescheidung eine Zuweisung des Hausrates oder von Teilen des Hausrates erfolgen.

Der Anwendungsbereich des § 1568b BGB erstreckt sich ausschließlich auf die im gemeinsamen Eigentum der Eheleute stehenden Haushaltsgegenstände. Gemäß § 1568b Absatz 2 BGB gelten während der Ehe für den gemeinsamen Haushalt angeschaffte Haushaltsgegenstände grundsätzlich als gemeinsames Eigentum der Ehegatten, es sei denn, der Nachweis wird erbracht, dass es sich um Alleineigentum handelt; dieser wird nunmehr nur noch im Rahmen eines eventuellen güterrechtlichen Ausgleichs berücksichtigt.

Gemäß § 1568b Absatz 1 BGB kann jeder Ehegatte verlangen, dass ihm der andere Ehegatte anlässlich der Scheidung die im gemeinsamen Eigentum stehenden Haushaltsgegenstände überlässt und übereignet, wenn er auf deren Nutzung unter Berücksichtigung des Wohls der im Haushalt lebenden Kinder und der Lebensverhältnisse der Ehegatten in stärkerem Maße angewiesen ist als der andere Ehegatte oder dies aus anderen Gründen der Billigkeit entspricht.

12

Der Ehegatte, der sein Eigentum überträgt, kann eine angemessene Ausgleichszahlung verlangen. Nach der Gesetzesbegründung (BT-Drs. 16/10798) soll die angemessene Ausgleichszahlung grundsätzlich dem Verkehrswert des Gegenstandes zum Zeitpunkt der Verteilung entsprechen.

Damit gilt, dass auch eine Ausgleichszahlung für den Ehegatten in Betracht kommt, dem im Rahmen einer Auseinandersetzung nach der Hausratsverordnung der Pkw nicht zugewiesen wird. Dessen Höhe bestimmt sich nach dem Wert des Pkw zur Zeit der Auseinandersetzung (in Anlehnung an OLG Stuttgart Urteil vom 07.12.1992 – Az.: 17 UF 147/92, abgedruckt in FamRZ 1993, 1461).

Was passiert mit der gemeinsamen Wohnung?

Die Wohnungszuweisung ist ausdrücklich geregelt. Die Zuweisung der Ehewohnung anlässlich der Ehescheidung regelt § 1568a BGB. Danach kann ein Ehegatte verlangen, dass ihm der andere Ehegatte anlässlich der Scheidung die Ehewohnung überlässt, weil er auf deren Nutzung unter Berücksichtigung des Wohls der im Haushalt lebenden Kinder und der Lebensverhältnisse der Ehegatten in stärkerem Maße angewiesen ist als der andere Ehegatte oder die Überlassung aus anderen Gründen der Billigkeit entspricht.

Inhaltlich verbleibt es bei den bereits dargestellten Grundsätzen der möglichst maßvollen Auseinandersetzung über die gemeinsame Wohnung.

Nicht – oder nur sehr eingeschränkt – von den Zuweisungsregeln umfasst sind Wochenend- oder Ferienhäuser, es sei denn, sie dienten dem Lebensmittelpunkt der Ehe.

Praxis-Tipp:

Wichtig ist, dass nur die Zuweisungsregelung des Familiengerichts für die Wohnungsvermieter bindenden Charakter entfaltet. Sollte sich daher der Vermieter nicht mit einer Übertragung des Mietvertrages auf einen der Ehegatten einlassen, ist zu überlegen, ob eine Zuweisung durch das Familiengericht beantragt werden soll. Nur so erreicht der weichende Ehegatte die Entlassung aus der „Mithaft" aus dem Mietvertrag. Ansonsten haftet er auch nach seinem Auszug für die Erfüllung aller mietvertraglichen Verpflichtungen wie Mietzahlungen und Schönheitsreparaturen.

12

Was passiert mit Hausrat, über den keine Einigung erzielt wurde?

Hier entsteht besonders häufig Streit über die Zuordnung oder Benutzung eines Pkw, der auch Hausrat sein kann. Während der

Zeit der Trennung kann das Familiengericht hier vorläufige Anordnungen treffen. Im Zusammenhang mit der Ehescheidung muss das Familiengericht jedoch dann auf Antrag im Verbund die Besitz- und Nutzungsverhältnisse zuweisen.

Hausrat, der nach der Hausratsverordnung verteilt werden kann, unterfällt nicht den Regelungen über den Zugewinnausgleich und ist damit eben gerade nicht eine güterrechtliche Frage im Zusammenhang mit der Ehescheidung. Sollten Sie daher mit Ihrer Ehefrau Gütertrennung vereinbart haben, hindert Sie das nicht, gleichwohl ein Verfahren auf Auseinandersetzung des Hausrates zu begehren.

Nach der neuen Rechtsprechung können auch Haustiere zum Hausrat gehören, allerdings dann nicht als Sachen, sondern lediglich bezüglich der „Nutzungsvorschriften". Hier können keine Parallelen zum Umgangsrecht gezogen werden. Wenn es sich aber beispielsweise um den Familienhund handelt, wird sicherlich in diesem Fall über die Hausratsverordnung eine „Besuchsmöglichkeit" tituliert werden können.

Wichtig: Gegenstände, die den individuellen Bedürfnissen oder den persönlichen Interessen eines einzelnen Ehegatten dienen (z. B. Briefmarkensammlungen), gehören nicht zum Hausrat. Sollten Sie daher ein kostspieliges Hobby haben, gehört dies eventuell in den Bereich des Zugewinns, nicht jedoch in den Hausrat.

12

Wichtige Gerichtsentscheidungen

Ein weiteres Beispiel aus der Entscheidungspraxis der Gerichte zur Frage des Hausrates ist eine Entscheidung des AG Weilburg vom 26.05.1999 (Az.: 22 F 645/98, abgedruckt in FamRZ 2000, 1017). Hier hatte das Familiengericht darüber zu entscheiden, wer den im gemeinsamen Eigentum stehenden Konzertflügel zur Benutzung erhalten würde. Die Familienrichter entschieden in diesem Fall, dass es sich nicht um einen Gegenstand des gemeinsamen Hausrats handelte, weil beide Eheleute beruflich (Klavier-)Musiker waren, und urteilten, dass dies dann ein Fall der persönlichen Lebensführung wäre.

Das OLG Bamberg entschied im Urteil vom 01.07.1996 (Az.: 2 WF 48/96, abgedruckt in FamRZ 1997, 378), dass auch wertvolle

Was passiert mit Hausrat, über den keine Einigung erzielt wurde?

Antiquitäten und andere kostbare Kunstgegenstände zum Hausrat gehören können. Damit ist eine Zuweisung auch dieser Gegenstände möglich, wenn diese Objekte der Dekoration der Ehewohnung dienten und nicht ausschließlich Kapitalanlage waren.

Praxis-Tipp:

Sollten Sie Kunst und/oder Antiquitäten sammeln, dokumentieren Sie bitte rechtzeitig, dass dies ausschließlich im Hinblick auf den noch zu erfolgenden Wertzuwachs geschieht. Ansonsten riskieren Sie in der Tat – selbst bei vertraglich vereinbarter Gütertrennung – eine Auseinandersetzung mit Ihrer Ehefrau über die Zuweisung dieser Hausratsgegenstände.

12

Erbrechtliche Konsequenzen

13

Wirkt sich die Trennung auf das Erbrecht Ihrer Ehefrau aus?

Die Antwort lautet schlicht „Nein".

Aus diesem Grund müssen Sie nach der Trennung unmittelbar alle möglichen Konsequenzen regeln.

Wie viel erbt ein Ehegatte beim Tod des anderen Ehegatten?

Das gesetzliche Erbrecht quotiert die Erbteile des Erblassers wie schon im ehelichen Erbrecht. Hinzu kommen die Gegenstände des ehelichen Haushaltes, die nicht Zubehör eines Grundstückes sind, und die Geschenke, die beide zur Begründung der Ehe erhalten haben. Hinsichtlich der Geschenke kann der Ehegatte diese gegenüber Kindern des Erblassers allerdings nur herausverlangen, sofern er dies zur Führung eines angemessenen Haushaltes benötigt.

Der Erbteil des Ehegatten selbst bemisst sich nach folgenden Grundsätzen:

Zugewinnausgleich im Todesfall

Für die Zugewinngemeinschaft gilt gemäß § 1371 Abs. 1 BGB, dass der Ausgleich des Überschusses beim Tod eines der Ehegatten dadurch verwirklicht wird, dass sich der gesetzliche Erbteil des überlebenden Ehegatten um ein Viertel der Erbschaft erhöht; hierbei ist unerheblich, ob die Ehegatten tatsächlich einen Überschuss erzielt haben.

Entsprechend § 1371 Abs. 2 BGB kann der überlebende Ehegatte, der nicht Erbe wird und dem auch kein Vermächtnis zusteht, Überschussausgleich nach den Vorschriften der §§ 1373 bis 1383, 1390 BGB verlangen; der Pflichtteil des überlebenden Ehegatten oder eines anderen Pflichtteilsberechtigten bestimmt sich in diesem Falle nach dem nicht erhöhten gesetzlichen Erbteil des Ehegatten.

Der überlebende Ehegatte hat jedoch die Wahl:

Schlägt er die Erbschaft aus, kann er gemäß § 1371 Abs. 3 BGB neben dem Ausgleich des Überschusses den Pflichtteil auch dann verlangen, wenn dieser ihm nach den erbrechtlichen Bestimmungen nicht zustünde; dies gilt nicht, wenn er durch Vertrag mit seinem Ehegatten auf sein gesetzliches Erbrecht oder sein Pflichtteilsrecht verzichtet hat.

Praxis-Tipp:
Bei außergerichtlichen Verhandlungen mit Ihrer Ehefrau über eine Scheidungsfolgenvereinbarung sollten Sie auch immer an den Verzicht auf das Erb- und Pflichtteilsrecht denken!

Was müssen Sie beachten, wenn Sie ein Testament mit Ihrer Ehefrau haben?

Berliner Testament

Nach § 2269 BGB können die Ehegatten nicht nur ein gemeinschaftliches Testament errichten, sie können sogar besondere letztwillige Verfügungen treffen, wie zum Beispiel ein sogenanntes Berliner Testament:

Danach können die Ehegatten in einem gemeinschaftlichen Testament, durch das sie sich gegenseitig als Erben einsetzen, bestimmen, dass nach dem Tod des Überlebenden der beiderseitige Nachlass an einen Dritten fallen soll. Im Zweifel ist dann anzunehmen, dass der Dritte für den gesamten Nachlass als Erbe des zuletzt versterbenden Ehegatten eingesetzt sein soll.

13

Weiter gilt, dass die Anordnung eines Vermächtnisses, das nach dem Tod des Überlebenden erfüllt werden soll, im Rahmen eines Berliner Testaments im Zweifel bedeuten soll, dass das Vermächtnis dem Bedachten erst mit dem Tod des Überlebenden anfallen soll.

Dadurch soll der überlebende Ehegatte vor der Durchsetzung von Ansprüchen geschützt werden, die ihn unter Umständen wirtschaftlich hart treffen könnten.

Erbrechtliche Konsequenzen

Wechselbezügliche Verfügungen

Im Rahmen der erbrechtlichen Regelungsmöglichkeiten ist zu beachten, dass hinsichtlich dieser wechselbezüglichen Verfügungen erhebliche Einschränkungen gelten:

Gemäß § 2270 BGB gilt die Vermutung, dass die Nichtigkeit oder der Widerruf der einen Verfügung die Unwirksamkeit der anderen zur Folge hat, sofern die Verfügung im Rahmen eines gemeinschaftlichen Testaments getroffen wurde und anzunehmen ist, dass die Verfügung des einen nicht ohne die Verfügung des anderen getroffen worden wäre.

Ist dem gemeinschaftlichen Testament nicht ohne weiteres zu entnehmen, ob die dort getroffenen Verfügungen für den Todesfall wechselbezüglich sein sollen, gibt der Gesetzgeber auch eine Auslegungsregel vor, wonach gemäß § 2270 Abs. 2 BGB ein solches Verhältnis der Verfügungen im Zweifel anzunehmen sein wird, wenn sich die Ehegatten gegenseitig bedenken oder wenn dem einen Ehegatten von dem anderen eine Zuwendung gemacht und für den Fall des Überlebens des Bedachten eine Verfügung zugunsten einer Person getroffen wird, die mit dem anderen Ehegatten verwandt ist oder ihm sonst nahe steht.

Schwierig ist der Widerruf, da dieser auch an formelle Voraussetzungen geknüpft ist.

Im Fall der Trennung erfolgt der Widerruf zu Lebzeiten Ihrer Ehefrau: Danach erfolgt gemäß § 2271 BGB der Widerruf einer Verfügung, die mit einer Verfügung des anderen Ehegatten in wechselbezüglichem Verhältnis steht, bei Lebzeiten der Ehegatten gemäß § 2296 BGB durch Erklärung gegenüber dem anderen Vertragschließenden. Diese Erklärung bedarf der notariellen Beurkundung.

§ 2271 Abs. 1 Satz 2 BGB verbietet die einseitige Aufhebung:
Durch eine neue Verfügung von Todes wegen kann ein Ehegatte bei Lebzeiten des anderen seine Verfügung nicht einseitig aufheben.

Was passiert mit der gemeinsamen Regelung im Falle der Ehescheidung?

Die Ehescheidung bewirkt lediglich, dass das „familienrechtliche Band zwischen den Ehegatten durchschnitten" wird. Es bedeutet nicht, dass einmal wirksam getroffene Regelungen im Erbrecht automatisch aufgehoben werden.

Praxis-Tipp:

Es bietet sich daher für den Fall einer Trennung immer an, auch an die erbrechtlichen Vereinbarungen zu denken. Gegebenenfalls müssen diese durch Beurkundung beim Notar widerrufen werden!

Was müssen Sie noch berücksichtigen?

Bereits vor Eingehung der Ehe können Lebensversicherungen abgeschlossen werden, die eine Bezugsberechtigung des anderen für den Todesfall vorsehen. Sollte ein automatisches Bezugsrecht für den überlebenden Ehegatten vorgesehen sein, werden Sie von der jeweiligen Versicherung informiert.

Wichtig: Die Bezugsberechtigung erlischt im Todesfall nicht durch die Scheidung.

13

Praxis-Tipp:

Denken Sie daher für den Fall der Trennung daran, auch Bezugsberechtigungen bei Lebensversicherungen für den Todesfall zu ändern!

Wann erlischt das Erbrecht Ihrer Ehefrau?

Das Erbrecht des Ehegatten erlischt entweder durch notariellen Verzichtvertrag oder kraft Gesetzes, wenn im Zeitpunkt des Todes des Erblassers die Voraussetzungen für die Scheidung der Ehe gegeben waren und der Erblasser die Scheidung beantragt oder ihr zugestimmt hatte.

Das Gleiche gilt, wenn der Erblasser berechtigt war, die Aufhebung der Ehe zu beantragen, und den Antrag gestellt hatte. In diesen Fällen ist der Ehegatte nach Maßgabe der §§ 1569 bis 1586b BGB unterhaltsberechtigt.

Das Erbrecht des Ehegatten endet natürlich auch mit Scheidung der Ehe.

13

Die Scheidungsfolgenvereinbarung

14

Regelung der Scheidungsfolgen

Da die Wirksamkeit der vertraglichen Regelungen seit der Entscheidung des Bundesverfassungsgerichts vom 06.02.2001 (Az.: 1 BvR 12/92, abgedruckt in FamRZ 2001, 343) einer größeren Inhaltskontrolle durch die Familiengerichte unterliegen, sollte bei der Beurkundung der Scheidungsfolgenvereinbarung auch darauf geachtet werden, dass eine hilfsweise Regelung für den Fall getroffen wird, dass die getroffenen Vereinbarungen einer gerichtlichen Überprüfung nicht standhalten.

Nachfolgende Vertragsmuster ersetzen keine Beratung durch den Notar oder einen Rechtsanwalt. Sie sollen lediglich eine Anleitung sein, sich bereits vor dem Gang zum Notar Gedanken darüber zu machen, wie die vertraglichen Regelungen aussehen sollen, die beurkundet werden.

Die Vorschläge können untereinander alternativ oder kumulativ kombiniert werden. So können Unterhaltsverzichtserklärungen zeitlich begrenzt werden, dabei kann eine Regelung für verschiedene Zeitspannen oder nur für eine bestimmte Zeit erfolgen. Hier ist die Beratung durch einen Notar oder Rechtsanwalt hilfreich, um die für die eigene Lebenssituation optimale Lösung zu erarbeiten.

Die Rechtsprechung zur Wirksamkeit von notariellen Eheverträgen

Seit damals hat der zwölfte Senat beim Bundesgerichtshof wiederholt zur Frage der Wirksamkeit von notariellen Verträgen zwischen Ehegatten Stellung bezogen, beispielhaft sei die Entscheidung vom 11.02.2004 (Az.: XII ZR 265/02) zitiert.

Der Fall hat in der Öffentlichkeit viel Beachtung gefunden, weil hier die Zulässigkeit wesentlicher gesetzlicher Regelungen in Frage gestellt wurde. Es war nämlich während der Ehe unter Bezugnahme auf die gesetzlichen Möglichkeiten nicht nur der nacheheliche Unterhaltsanspruch der Ehefrau ausgeschlossen worden. Die Eheleute hatten zudem auch den gesetzlichen Güterstand der Zugewinngemeinschaft zugunsten der Gütertren-

14

nung ausgeschlossen und den Versorgungsausgleich zugunsten einer tatsächlich bestehenden privaten Altersversorgung. Der Ehefrau war allein der sogenannte Betreuungsunterhalt für die Zeit nach der Ehe geblieben. Die Ehefrau hatte den Ehevertrag angefochten und wollte nunmehr Zugewinnausgleich und vollen Unterhalt.

Somit hatte sich der BGH mit der Wirksamkeit der von Gesetzes wegen zugelassenen Regelungsmöglichkeiten in ihrer Auswirkung auseinanderzusetzen. Die Entscheidung war nach der des Bundesverfassungsgerichts aus dem Jahr 2001 letztlich wie erwartet ausgefallen:

Die Anfechtung eines Ehevertrages ist – wie bei allen Verträgen – grundsätzlich zulässig. Sie wird aber keinen Erfolg haben können, wenn bei Unterzeichnung die Interessen beider Ehegatten ausgewogen berücksichtigt wurden und die Kernbereiche des Familienrechts nicht zugunsten einer reinen Scheidungsfolgenvereinbarung angetastet wurden. Weiterhin kommt es künftig erst recht auf zwei „Einsatzzeitpunkte" an, die der BGH gewürdigt wissen will:

Zum einen die

■ Verhältnisse im Zeitpunkt des Vertragsschlusses inklusive einer Prognose für die gemeinsame Zukunft, insbesondere der geplanten Lastenverteilung in der Ehe (Kinder – Beruf/Einkommenserzielung – Haushalt);

zum anderen im Zeitpunkt der Inanspruchnahme dieser Regelungen eine

■ Würdigung derselben zum jetzigen Zeitpunkt des Scheiterns der Ehe und die Prüfung, ob die Berufung auf den Ehevertrag einen Missbrauchstatbestand darstellt.

14

Was jedoch ist die Folge des angefochtenen Ehevertrages? Entweder dessen Unwirksamkeit zur Gänze und die Geltung der gesetzlichen Regelungen für alle offenen Fragen oder lediglich eine Teilunwirksamkeit. Letztere kann immer dann auch für die Zukunft erreicht werden, wenn bei Beurkundung auf die Aufnahme einer sogenannten Salvatorischen Klausel geachtet wird, die soweit als möglich den Bestand des Vertrages sicherstellen soll. Die Wirkung der Salvatorischen Klausel ist jedoch sehr umstritten, zumal die Rechtsprechung zur Inhaltskontrolle von Eheverträgen keine „festen Richtlinien" erkennen lässt.

Praxis-Tipp: „Salvatorische Klausel"

Sollte eine Bestimmung dieses Vertrages unwirksam oder undurchführbar sein oder werden, berührt dies die Wirksamkeit des Vertrages im Übrigen nicht. Die Parteien verpflichten sich in einem derartigen Fall, eine wirksame durchführbare Bestimmung an die Stelle der unwirksamen oder undurchführbaren zu setzen, die dem geeigneten Zweck der zu ersetzenden Bestimmung so weit wie möglich entspricht. Das Gleiche gilt für etwaige Lücken im Vertrag.

In einem weiteren Urteil entschied das OLG Thüringen, dass sich aus dem vereinbarten weitgehenden Ausschluss des Betreuungsunterhalts keine unzumutbare Lastenverteilung ergibt, wenn der Ehefrau auch dann kein Anspruch auf Betreuungsunterhalt zusteht, wenn sie den Ehevertrag nicht abgeschlossen hätte.[19]

Das Kammergericht urteilte, dass der notarielle Ausschluss des Versorgungsausgleichs zum Nachteil der Ehefrau im Kernbereich der gesetzlichen Scheidungsfolgen ohne Ausgleich abbedungen worden war. Die gesetzlichen Regelungen über den Versorgungsausgleich unterliegen zwar grundsätzlich der vertraglichen Disposition der Ehegatten; einen unverzichtbaren Mindestgehalt an Scheidungsfolgen zugunsten des berechtigten Ehegatten kennt das geltende Recht zwar nicht, dies darf aber nicht dazu führen, dass der Schutzzweck der gesetzlichen Regelung durch vertragliche Vereinbarungen beliebig unterlaufen werden kann.[20]

Dagegen entschied das OLG Celle, dass die in einem – kurz vor der Heirat – geschlossenen Ehevertrag getroffenen Regelungen zu den Scheidungsfolgen, die zu einem Globalverzicht führen,

14

---

[19] OLG Thüringen Urteil vom 28.01.2010 – Az.: 1 UF 150/09
[20] KG Berlin Urteil vom 30.06.2009 – Az.: 13 UF 153/08

nicht notwendig die Nichtigkeit des Vertrages zur Folge haben, wenn – subjektiv – die Unterlegenheit eines Ehegatten nicht bestand oder eine bestehende Zwangslage nicht ausgenutzt wurde.[21]

Auch der Verzicht auf Krankheitsunterhalt war danach im Rahmen der Ausübungskontrolle nicht gerichtlich zu korrigieren, wenn der angemessene Lebensbedarf durch eigene Einkünfte gesichert ist und die Einkommensdifferenz nicht zu einem Unterhaltsanspruch führt.

Allerdings entschied das OLG Celle auch, dass trotz des Bestands des Ehevertrages das Familiengericht im Rahmen seiner Rechtsausübungskontrolle prüfen muss, ob die Ehefrau – im Zeitpunkt des Scheiterns der Lebensgemeinschaft – durch die Vereinbarung der Gütertrennung gegenüber den gesetzlichen Folgen der Ehe unangemessen benachteiligt ist. In diesem Fall war sogar der Zugewinnausgleich durchzuführen, weil die Altersvorsorge des Ehemannes nur im Vermögenserwerb bestanden hatte.[22]

Wichtig: Festzuhalten ist, dass die Gerichte zunehmend Einzelfallentscheidungen treffen und höchste Vorsorge bei der Fertigung von Eheverträgen zu walten hat.

14

---

[21] OLG Celle Urteil vom 27.05.2009 – Az.: 15 UF 4/09
[22] OLG Celle Urteil vom 08.02.2008 – Az.: 21 UF 197/07

Vertragsmuster einer Scheidungsfolgenvereinbarung

Vor mir, dem unterzeichnenden Notar,

geschäftsansässig in .... ,

erschienen heute

1. ....

geboren am .... ,

wohnhaft in .... ,

ausgewiesen durch gültigen Personalausweis/Reisepass

2. ....

geboren am .... ,

wohnhaft in .... ,

ausgewiesen durch gültigen Personalausweis/Reisepass

Die Erschienenen erklärten gegenüber dem Urkundsnotar:

(Wechsel in Gütertrennung)

§ 1 Güterstand

Wir sind am . . . zur Reg.-Nr. . . die Ehe miteinander eingegangen. Einen Ehevertrag haben wir bislang nicht geschlossen.

Für den weiteren Verlauf unserer Ehe vereinbaren wir nachfolgende Regelung:

Wir schließen hiermit den Güterstand der Zugewinngemeinschaft aus und vereinbaren stattdessen, dass für die Zukunft der Güterstand der Gütertrennung entsprechend § 1414 BGB gelten soll.

Wir sind uns einig, dass bis zum heutigen Zeitpunkt ein Zugewinn bei einem von uns nicht angefallen ist. Sollte einer von uns einen Zugewinn erwirtschaftet haben, so verzichtet der jeweils andere Partner hiermit auf die Durchführung des Zugewinnausgleichs und beide Partner nehmen diese Verzichtserklärung wechselseitig an.

Der Notar hat die Beteiligten darauf hingewiesen, dass bei Beendigung der Ehe ein Zugewinnausgleich nun nicht mehr stattfindet. Er verwies auch darauf, dass infolge der Vermögenstrennung keine Erhöhung des gesetzlichen Erb- und Pflichtteilsrechts des überlebenden Ehegatten erfolgt und dass infolge der Gütertrennung nunmehr jeder Ehegatte über sein Vermögen im Ganzen oder ihm

14

gehörende Hausratsgegenstände frei verfügen kann, ohne dass es der Zustimmung des anderen bedürfte.

(Völliger Verzicht auf nachehelichen Unterhalt)

§ 2 Nachehelicher Unterhalt

Wir sind für die Dauer eines möglichen Getrenntlebens darüber belehrt worden, dass jegliche Unterhaltsvereinbarung, die das gesetzliche Verbot des ganzen oder teilweisen Verzichts auf Unterhalt für die Zukunft bis zur Auflösung der Ehe nach § 1614 BGB zur Nichtigkeit einer dementsprechenden Unterhaltsregelung führen würde.

Wir sind des Weiteren darüber belehrt, dass sich eine Unterhaltsregelung im Falle des Getrenntlebens zwischen uns nach den gesetzlichen Regelungen der §§ 1361 ff. BGB richtet.

Die Parteien verzichten darüber hinaus wechselseitig für die Zeit nach der Aufhebung auf Unterhalt einschließlich für den Fall der Not und nehmen diese Verzichtserklärung wechselseitig ausdrücklich an.

Über die gesetzliche Regelung des Unterhalts nach Scheidung und über die weitreichende Bedeutung des Unterhaltsverzichts sind wir vom Notar ausführlich belehrt worden. Uns ist auch bekannt, dass der nachpartnerschaftliche Unterhalt, auf den wir wechselseitig verzichten, auch die Kosten einer angemessenen Versicherung für den Fall des Alters und der Berufs- und Erwerbsunfähigkeit mit umfasst und uns aufgrund des Verzichtes für die Zeit nach der Ehescheidung selbst im Falle der Berufs-, Erwerbs- und Vermögenslosigkeit keinerlei wechselseitige Unterhaltsansprüche zustehen. Der Notar hat auf die mit einem generellen Unterhaltsverzicht verbundenen erheblichen Risiken hingewiesen. Gleichwohl wünschen die Beteiligten die Beurkundung im vorerwähnten Sinne.

Zur Klarstellung halten die Parteien fest, dass, sollte sich zu einem späteren Zeitpunkt – aus welchem Grund auch immer – die Unwirksamkeit der vorstehenden Unterhaltsverzichtserklärung ergeben, hiervon nicht die Wirksamkeit der übrigen in dieser Urkunde enthaltenen Vereinbarungen betroffen wird.

14

(Zeitliche Befristung des Unterhaltsanspruchs)

Wir vereinbaren hinsichtlich des nachehelichen Unterhaltes, dass es grundsätzlich bei der gesetzlichen Regelung verbleiben soll. Dabei wollen wir jedoch ausdrücklich die Dauer der nachehelichen Unterhaltsansprüche beschränken.

Die Scheidungsfolgenvereinbarung

Für die Zeit nach Ablauf dieser ... Jahre verzichten wir wechselseitig auf nacheheliche Unterhalt einschließlich für den Fall der Not und nehmen diese Verzichtserklärung ausdrücklich wechselseitig an.

(Ausschluss bestimmter Unterhaltstatbestände)

Wir vereinbaren hiermit, dass es zwischen uns hinsichtlich des nachehelichen Unterhaltes bei der gesetzlichen Regelung verbleiben soll. Von dieser Regelung nehmen wir aber für den Fall der Ehescheidung Unterhaltsansprüche wegen Ausbildung, Fortbildung und Umschulung aus.

Wir wurden über die mit diesem Verzicht verbundenen Risiken belehrt und insbesondere darauf hingewiesen, dass wir für diesen Fall keinen Anspruch gegen den anderen Ehegatten auf Unterhalt haben, wenn wir nach der Ehescheidung wegen einer Ausbildung, Fortbildung oder Umschulung an der Erzielung eigenen Einkommens gehindert sind.

In Kenntnis dessen verzichten wir auf diese Unterhaltsansprüche wechselseitig und nehmen die Verzichtserklärung wechselseitig ausdrücklich an.

§ 3 Versorgungsausgleich

(Ausschluss des Versorgungsausgleichs vor Einreichung des Scheidungsantrags)

Hinsichtlich des gesetzlichen Versorgungsausgleichs, also des Ausgleichs der von jedem Ehegatten oder einem von ihnen aufgrund Arbeit oder Mithilfe seines Vermögens in der Ehezeit begründeten oder aufrechterhaltenen Anwartschaften oder Aussichten auf eine Versorgung wegen Alters oder Berufs- oder Erwerbsunfähigkeit sind wir uns einig, dass im Fall einer Scheidung unserer Ehe der Versorgungsausgleich nicht durchgeführt werden soll.

Wir schließen den Versorgungsausgleich hiermit für den Fall der Scheidung unserer Ehe aus. Wir sind über diese Bedeutung des Versorgungsausgleichs sowie die rechtliche Tragweite eines Ausschlusses eingehend belehrt und haben die Verhältnismäßigkeit des Ausschlusses durch andere Regelungen (*hier aufzählen*) erreicht.

. . . .
Unterschrift Ehefrau   Unterschrift Ehemann

. . . .
Unterschrift Notar/in

14

Kosten

15

Welche Kosten kommen auf Sie zu?

Die Kosten in Familiensachen sind zu unterteilen in die Kosten, die für den Abschluss einer Scheidungsfolgenvereinbarung beim Notar anfallen, und die, die für das Verfahren vor dem Familiengericht an Gerichtskosten und Rechtsanwaltsgebühren entstehen.

Das Prinzip ist bei allen Kostenfragen dasselbe: Der Gebührenansatz hängt vom Geschäftswert der Angelegenheit ab. Der Notar und das Familiengericht sind dabei gehalten, ihre Gebühren nach den Tabellen der Kostenordnung (KostO) bzw. dem Gerichtskostengesetz (GKG) in Ansatz zu bringen. Seine Entsprechung findet das Gebührenrecht für die Rechtsanwälte in der Bundesrechtsanwaltsgebührenordnung (BRAGO) nebst Tabellen. Im Gegensatz zu Notar und Familiengericht kann der Rechtsanwalt mit dem Mandanten jedoch eine Honorarvereinbarung abschließen, bei der er beispielsweise nach Stunden abrechnet. Dies sollte für den Einzelfall abgeklärt werden.

Der Geschäftswert oder Streit- bzw. Gegenstandswert berechnet sich nach Regeln, wobei die Geschäftswerte mehrerer Regelungen addiert werden können, sofern sie inhaltlich „eine Angelegenheit" bilden.

Gerichtskosten

Die gerichtlichen Kosten für die Ehescheidung richten sich nach § 43 FamGKG, wobei der Wert der Angelegenheit durch das in drei Monaten erzielte Nettoeinkommen der Ehegatten bestimmt wird, sowie unter Berücksichtigung aller Umstände des Einzelfalls, insbesondere des Umfangs und der Bedeutung der Sache und der Vermögens- und Einkommensverhältnisse der Ehegatten. Der Wert darf nicht unter 4 000 EUR angesetzt werden (selbst wenn beide Ehegatten monatlich zusammen weniger als 1 300 EUR verdienen).

Entscheidet das Familiengericht noch über andere Punkte, beispielsweise über die gemeinsame Wohnung oder den Unterhalt, wird deren Wert hinzugerechnet.

Beispiel:

Ihre Ehefrau verdient als Ärztin monatlich 2 500 EUR netto, Sie selbst als Kaufmann 5 000 EUR. Damit beträgt der Wert des reinen Scheidungsverfahrens 3 × (5 000 + 2 500) = 22 500 EUR.

Nach den derzeit gültigen Tabellen des Gerichtskostengesetzes (Stand: 01.07.1994) betragen die Kosten für das vollständige Scheidungsurteil (mit Tatbestand und Entscheidungsgründen) 1290 EUR.

Werden weitere Folgesachen entschieden, werden die Streitwerte erhöht und zwar wie folgt:

- Beim Zugewinn-
  ausgleich:

  Wert der Zahlung oder im Falle der Nichtfestsetzung der Wert des sogenannten „Interesses" an der Feststellung

- Beim Versorgungs-
  ausgleich:

  10 % des addierten dreifachen Nettoeinkommens je Anrecht

- Beim Unterhalt:

  Jahreswert der Zahlung, gegebenenfalls zuzüglich Rückstand

- Beim Sorgerecht:

  In der Regel 2 500 EUR bis 3 000 EUR pro Kind

- Beim Umgangs-
  recht:

  In der Regel 1 000 EUR bis 1 500 EUR pro Kind

Rechtsanwaltsgebühren

Sofern mit dem beauftragten Rechtsanwalt nichts anderes vereinbart ist, wird auch er aus dem Gegenstandswert die Kosten ermitteln.

Für den vorgenannten Fall würde ein Rechtsanwalt im Rahmen der Ehescheidung mindestens eine Prozessgebühr und eine Verhandlungsgebühr in Ansatz bringen; diese betragen bei einem Gegenstandswert von 22 500 EUR derzeit (Kostentafeln Stand: 01.07.1994) jeweils 1025 EUR, zuzüglich der Kosten für Schreib-

15

auslagen, Porto und Telekommunikation sowie Mehrwertsteuer auf den Gesamtbetrag. Muss der Rechtsanwalt „reisen", das heißt, sich zum Termin zur mündlichen Verhandlung in eine andere Stadt begeben, kommen Reisekosten hinzu.

Praxis-Tipp:

Besprechen Sie bereits bei Ihrem ersten Gespräch mit dem Rechtsanwalt die eventuell auf Sie zukommenden Kosten. In den meisten Fällen ist zumindest eine grobe Kostenkalkulation möglich. Ist der Wert Ihres Vermögens erheblich, bitten Sie ihn um eine Honorarvereinbarung und vereinbaren Sie ein festes Stundenhonorar mit ihm.

Notarkosten

Der Notar ermittelt die Höhe seiner Kosten anhand der Kostenordnung (KostO) und der zugehörigen Tabellen. Dabei ist er hinsichtlich der Gebühren gehalten, sich an die vorgegebenen Gebührensätze zu halten. Bei ihm kommen zu den Tabellenwerten auch jeweils die Kosten für Kopien, Schreibauslagen, Porto und Telekommunikation sowie die Mehrwertsteuer hinzu.

Für die Beurkundung einer Scheidungsfolgenvereinbarung/eines Ehevertrages werden – wie schon beim gerichtlichen Verfahren – mehrere Gegenstandswerte addiert. Die einzelnen Werte entnimmt der Notar dabei den Gebührentatbeständen der KostO. Dabei gibt es einen wesentlichen Unterschied bei „laufenden Zahlungen", wie Unterhalt. Hier ist nicht der Jahreswert maßgeblich, sondern der dreieinhalbfache Jahreswert. Dafür sind dann aber die Tabellensätze niedriger als beim Rechtsanwalt, sodass die Kosten beim Notar in der Regel niedriger sind als beim Rechtsanwalt, der den Vertrag entwickelt hat.

15

Die Düsseldorfer Tabelle

16

Die Düsseldorfer Tabelle

(Stand: 01.01.2010)

Die neue Tabelle nebst Anmerkungen beruht auf Koordinierungsgesprächen, die zwischen Richtern der Familiensenate der Oberlandesgerichte Düsseldorf, Köln und Hamm sowie der Unterhaltskommission des Deutschen Familiengerichtstages e. V. unter Berücksichtigung des Ergebnisses einer Umfrage bei allen Oberlandesgerichten stattgefunden haben.

A. Kindesunterhalt

	Nettoeinkommen des Barunterhaltspflichtigen (Anm. 3, 4)	Altersstufen in Jahren (§ 1612a Abs. 1 BGB)				Prozentsatz	Bedarfskontrollbetrag (Anm. 6)
		0–5	6–11	12–17	ab 18		
	Alle Beträge in Euro						
1.	bis 1.500	317	364	426	488	100	770/900
2.	1.501–1.900	333	383	448	513	105	1.000
3.	1.901–2.300	349	401	469	537	110	1.100
4.	2.301–2.700	365	419	490	562	115	1.200
5.	2.701–3.100	381	437	512	586	120	1.300
6.	3.101–3.500	406	466	546	625	128	1.400
7.	3.501–3.900	432	496	580	664	136	1.500
8.	3.901–4.300	457	525	614	703	144	1.600
9.	4.301–4.700	482	554	648	742	152	1.700
10.	4.701–5.100	508	583	682	781	160	1.800
	ab 5.101	nach den Umständen des Falles					

16

Stand: 1.1.2010

Anmerkungen:

1. Die Tabelle hat keine Gesetzeskraft, sondern stellt eine Richtlinie dar. Sie weist den monatlichen Unterhaltsbedarf aus,

bezogen auf zwei Unterhaltsberechtigte, ohne Rücksicht auf den Rang. Der Bedarf ist nicht identisch mit dem Zahlbetrag; dieser ergibt sich unter Berücksichtigung der nachfolgenden Anmerkungen.

Bei einer größeren/geringeren Anzahl Unterhaltsberechtigter können Ab- oder Zuschläge durch Einstufung in niedrigere/höhere Gruppen angemessen sein. Anmerkung 6 ist zu beachten. Zur Deckung des notwendigen Mindestbedarfs aller Beteiligten – einschließlich des Ehegatten – ist gegebenenfalls eine Herabstufung bis in die unterste Tabellengruppe vorzunehmen. Reicht das verfügbare Einkommen auch dann nicht aus, setzt sich der Vorrang der Kinder im Sinne von Anm. 5 Abs. 1 durch. Gegebenenfalls erfolgt zwischen den erstrangigen Unterhaltsberechtigten eine Mangelberechnung nach Abschnitt C.

2. Die Richtsätze der 1. Einkommensgruppe entsprechen dem Mindestbedarf in Euro gemäß § 1612a BGB. Der Prozentsatz drückt die Steigerung des Richtsatzes der jeweiligen Einkommensgruppe gegenüber dem Mindestbedarf (= 1. Einkommensgruppe) aus. Die durch Multiplikation des nicht gerundeten Mindestbedarfs mit dem Prozentsatz errechneten Beträge sind entsprechend § 1612a Abs. 2 Satz 2 BGB aufgerundet.

3. Berufsbedingte Aufwendungen, die sich von den privaten Lebenshaltungskosten nach objektiven Merkmalen eindeutig abgrenzen lassen, sind vom Einkommen abzuziehen, wobei bei entsprechenden Anhaltspunkten eine Pauschale von 5 Prozent des Nettoeinkommens – mindestens 50 Euro, bei geringfügiger Teilzeitarbeit auch weniger, und höchstens 150 Euro monatlich – geschätzt werden kann. Übersteigen die berufsbedingten Aufwendungen die Pauschale, sind sie insgesamt nachzuweisen.

4. Berücksichtigungsfähige Schulden sind in der Regel vom Einkommen abzuziehen.

5. Der notwendige Eigenbedarf (Selbstbehalt)

    gegenüber minderjährigen unverheirateten Kindern,

16

– gegenüber volljährigen unverheirateten Kindern bis zur Vollendung des 21. Lebensjahres, die im Haushalt der Eltern oder eines Elternteils leben und sich in der allgemeinen Schulausbildung befinden, beträgt beim nicht erwerbstätigen Unterhaltspflichtigen monatlich 770 Euro, beim erwerbstätigen Unterhaltspflichtigen monatlich 900 Euro. Hierin sind bis 360 Euro für Unterkunft einschließlich umlagefähiger Nebenkosten und Heizung (Warmmiete) enthalten. Der Selbstbehalt kann angemessen erhöht werden, wenn dieser Betrag im Einzelfall erheblich überschritten wird und dies nicht vermeidbar ist.

Der angemessene Eigenbedarf, insbesondere gegenüber anderen volljährigen Kindern, beträgt in der Regel mindestens monatlich 1.100 Euro. Darin ist eine Warmmiete bis 450 Euro enthalten.

6. Der Bedarfskontrollbetrag des Unterhaltspflichtigen ab Gruppe 2 ist nicht identisch mit dem Eigenbedarf. Er soll eine ausgewogene Verteilung des Einkommens zwischen dem Unterhaltspflichtigen und den unterhaltsberechtigten Kindern gewährleisten. Wird er unter Berücksichtigung anderer Unterhaltspflichten unterschritten, ist der Tabellenbetrag der nächst niedrigeren Gruppe, deren Bedarfskontrollbetrag nicht unterschritten wird, anzusetzen.

7. Bei volljährigen Kindern, die noch im Haushalt der Eltern oder eines Elternteils wohnen, bemisst sich der Unterhalt nach der 4. Altersstufe der Tabelle.

Der angemessene Gesamtunterhaltsbedarf eines Studierenden, der nicht bei seinen Eltern oder einem Elternteil wohnt, beträgt in der Regel monatlich 640 Euro. Hierin sind bis 270 Euro für Unterkunft einschließlich umlagefähiger Nebenkosten und Heizung (Warmmiete) enthalten. Dieser Bedarfssatz kann auch für ein Kind mit eigenem Haushalt angesetzt werden.

8. Die Ausbildungsvergütung eines in der Berufsausbildung stehenden Kindes, das im Haushalt der Eltern oder eines Elternteils wohnt, ist vor ihrer Anrechnung in der Regel um

16

einen ausbildungsbedingten Mehrbedarf von monatlich 90 Euro zu kürzen.

9. In den Bedarfsbeträgen (Anmerkungen 1 und 7) sind Beiträge zur Kranken- und Pflegeversicherung sowie Studiengebühren nicht enthalten.

10. Das auf das jeweilige Kind entfallende Kindergeld ist nach § 1612b BGB auf den Tabellenunterhalt (Bedarf) anzurechnen.

B. Ehegattenunterhalt

I. Monatliche Unterhaltsrichtsätze des berechtigten Ehegatten ohne unterhaltsberechtigte Kinder (§§ 1361, 1569, 1578, 1581 BGB):

1. gegen einen erwerbstätigen Unterhaltspflichtigen:

    a) wenn der Berechtigte kein Einkommen hat: 3/7 des anrechenbaren Erwerbseinkommens zuzüglich 1/2 der anrechenbaren sonstigen Einkünfte des Pflichtigen, nach oben begrenzt durch den vollen Unterhalt, gemessen an den zu berücksichtigenden ehelichen Verhältnissen;

    b) wenn der Berechtigte ebenfalls Einkommen hat: 3/7 der Differenz zwischen den anrechenbaren Erwerbseinkommen der Ehegatten, insgesamt begrenzt durch den vollen ehelichen Bedarf; für sonstige anrechenbare Einkünfte gilt der Halbteilungsgrundsatz;

    c) wenn der Berechtigte erwerbstätig ist, obwohl ihn keine Erwerbsobliegenheit trifft: gemäß § 1577 Abs. 2 BGB;

16

2. gegen einen nicht erwerbstätigen Unterhaltspflichtigen (z. B. Rentner):   wie zu 1a, b oder c, jedoch 50 Prozent.

II. Fortgeltung früheren Rechts:

1. Monatliche Unterhaltsrichtsätze des nach dem Ehegesetz berechtigten Ehegatten ohne unterhaltsberechtigte Kinder:

   a) §§ 58, 59 EheG: in der Regel wie I,

   b) § 60 EheG: in der Regel 1/2 des Unterhalts zu I,

   c) § 61 EheG: nach Billigkeit bis zu den Sätzen I.

2. Bei Ehegatten, die vor dem 3.10.1990 in der früheren DDR geschieden worden sind, ist das DDRFGB in Verbindung mit dem Einigungsvertrag zu berücksichtigen (Art. 234 § 5 EGBGB).

III. Monatliche Unterhaltsrichtsätze des berechtigten Ehegatten, wenn die ehelichen Lebensverhältnisse durch Unterhaltspflichten gegenüber Kindern geprägt werden:

Wie zu I bzw. II 1, jedoch wird grundsätzlich der Kindesunterhalt (Zahlbetrag; vgl. Anm. C und Anhang) vorab vom Nettoeinkommen abgezogen.

IV. Monatlicher Eigenbedarf (Selbstbehalt) gegenüber dem getrennt lebenden und dem geschiedenen Berechtigten:

unabhängig davon, ob erwerbstätig oder nicht erwerbstätig   1.000 Euro

V. Existenzminimum des unterhaltsberechtigten Ehegatten einschließlich des trennungsbedingten Mehrbedarfs in der Regel:

1. falls erwerbstätig: 900 Euro

2. falls nicht erwerbstätig: 770 Euro

VI. Monatlicher notwendiger Eigenbedarf des Ehegatten, der in einem gemeinsamen Haushalt mit dem Unterhaltspflichtigen lebt, gegenüber nicht privilegierten volljährigen Kindern oder nachrangigen (geschiedenen) Ehegatten:

unabhängig davon, ob erwerbstätig oder nicht erwerbstätig: 800 Euro

16

Anmerkung zu I–III:

Hinsichtlich berufsbedingter Aufwendungen und berücksichtigungsfähiger Schulden gelten Anmerkungen A. 3 und 4 – auch für den erwerbstätigen Unterhaltsberechtigten – entsprechend. Diejenigen berufsbedingten Aufwendungen, die sich nicht nach objektiven Merkmalen eindeutig von den privaten Lebenshaltungskosten abgrenzen lassen, sind pauschal im Erwerbstätigenbonus von 1/7 enthalten.

C. Mangelfälle

Reicht das Einkommen zur Deckung des Bedarfs des Unterhaltspflichtigen und der gleichrangigen Unterhaltsberechtigten nicht aus (sogenannte Mangelfälle), ist die nach Abzug des notwendigen Eigenbedarfs (Selbstbehalts) des Unterhaltspflichtigen verbleibende Verteilungsmasse auf die Unterhaltsberechtigten im Verhältnis ihrer jeweiligen Einsatzbeträge gleichmäßig zu verteilen.

Der Einsatzbetrag für den Kindesunterhalt entspricht dem Zahlbetrag des Unterhaltspflichtigen. Dies ist der nach Anrechnung des Kindergeldes oder von Einkünften auf den Unterhaltsbedarf verbleibende Restbedarf.

Beispiel:

Bereinigtes Nettoeinkommen des Unterhaltspflichtigen (M): 1.300 Euro. Unterhalt für drei unterhaltsberechtigte Kinder im Alter von 7 Jahren (K1), 5 Jahren (K2) und 18 Jahren (K3), Schüler, die bei der nicht unterhaltsberechtigten, den Kindern nicht barunterhaltspflichtigen Ehefrau und Mutter (F) leben. F bezieht das Kindergeld.

Notwendiger Eigenbedarf des M: . . . . 900 Euro
Verteilungsmasse: . . . . 1.300 Euro – 900 Euro = 400 Euro
Summe der Einsatzbeträge der Unterhaltsberechtigten:
304 Euro (488 – 184) (K1) + 272 Euro (364 – 92) (K2) + 222 Euro (317 – 95) (K3) = 798 Euro

16

Unterhalt:

K1: . . . . 304 × 400 : 798 = 152,38 Euro

K2: . . . . 272 × 400 : 798 = 136,34 Euro

K3: . . . . 222 × 400 : 798 = 111,28 Euro

D. Verwandtenunterhalt und Unterhalt nach § 1615l BGB

I. Angemessener Selbstbehalt gegenüber den Eltern: mindestens monatlich 1.400 Euro (einschließlich 450 Euro Warmmiete) zuzüglich der Hälfte des darüber hinausgehenden Einkommens. Der angemessene Unterhalt des mit dem Unterhaltspflichtigen zusammenlebenden Ehegatten bemisst sich nach den ehelichen Lebensverhältnissen (Halbteilungsgrundsatz), beträgt jedoch mindestens 1.050 Euro (einschließlich 350 Euro Warmmiete).

II. Bedarf der Mutter und des Vaters eines nichtehelichen Kindes (§ 1615l BGB): nach der Lebensstellung des betreuenden Elternteils, in der Regel mindestens 770 Euro.

Angemessener Selbstbehalt gegenüber der Mutter und dem Vater eines nichtehelichen Kindes (§§ 1615l, 1603 Abs. 1 BGB): unabhängig davon, ob erwerbstätig oder nicht erwerbstätig: 1.000 Euro.

E. Übergangsregelung

Umrechnung dynamischer Titel über Kindesunterhalt nach § 36 Nr. 3 EGZPO: Ist Kindesunterhalt als Prozentsatz des jeweiligen Regelbetrages zu leisten, bleibt der Titel bestehen. Eine Abänderung ist nicht erforderlich. An die Stelle des bisherigen Prozentsatzes vom Regelbetrag tritt ein neuer Prozentsatz vom Mindestunterhalt (Stand: 1.1.2008). Dieser ist für die jeweils maßgebliche Altersstufe gesondert zu bestimmen und auf eine Stelle nach dem Komma zu begrenzen (§ 36 Nr. 3 EGZPO). Der

16

Bedarf ergibt sich aus der Multiplikation des neuen Prozentsatzes mit dem Mindestunterhalt der jeweiligen Altersstufe und ist auf volle Euro aufzurunden (§ 1612a Abs. 2 Satz 2 BGB). Der Zahlbetrag ergibt sich aus dem um das jeweils anteilige Kindergeld verminderten bzw. erhöhten Bedarf.

Es sind vier Fallgestaltungen zu unterscheiden:

1. Der Titel sieht die Anrechnung des hälftigen Kindergeldes (für das 1. bis 3. Kind 77 Euro, ab dem 4. Kind 89,50 Euro) oder eine teilweise Anrechnung des Kindergeldes vor (§ 36 Nr. 3a EGZPO).

$$\frac{(\text{Bisheriger Zahlbetrag} + 1/2 \text{ Kindergeld}) \times 100}{\text{Mindestunterhalt der jeweiligen Altersstufe}} = \text{Prozentsatz neu}$$

Beispiel für 1. Altersstufe

$$\frac{(196 \text{ Euro} + 77 \text{ Euro}) \times 100}{279 \text{ Euro}} = 97,8\,\%$$

279 Euro × 97,8 %
= 272,86 Euro,
aufgerundet 273 Euro

Zahlbetrag: 273 Euro ./. 77 Euro = 196 Euro

2. Der Titel sieht die Hinzurechnung des hälftigen Kindergeldes vor (§ 36 Nr. 3b EGZPO).

$$\frac{(\text{Bisheriger Zahlbetrag} - 1/2 \text{ Kindergeld}) \times 100}{\text{Mindestunterhalt der jeweiligen Altersstufe}} = \text{Prozentsatz neu}$$

Beispiel für 1. Altersstufe

$$\frac{(273 \text{ Euro} - 77 \text{ Euro}) \times 100}{279 \text{ Euro}} = 70,2\,\%$$

279 Euro × 70,2 %
= 195,85 Euro,
aufgerundet 196 Euro

Zahlbetrag: 196 Euro + 77 Euro = 273 Euro

3. Der Titel sieht die Anrechnung des vollen Kindergeldes vor (§ 36 Nr. 3c EGZPO).

$$\frac{(\text{Zahlbetrag} + 1/1 \text{ Kindergeld}) \times 100}{\text{Mindestunterhalt der jeweiligen Altersstufe}} = \text{Prozentsatz neu}$$

16

Die Düsseldorfer Tabelle

Beispiel für 2. Altersstufe

$$\frac{(177 \text{ Euro} + 154 \text{ Euro}) \times 100}{322 \text{ Euro}} = 102,7\,\%$$

322 Euro × 102,7 %
= 330,69 Euro,
aufgerundet 331 Euro

Zahlbetrag: 331 Euro ./. 154 Euro = 177 Euro

4. Der Titel sieht weder eine Anrechnung noch eine Hinzurechnung des Kindergeldes vor (§ 36 Nr. 3d EGZPO).

$$\frac{(\text{Zahlbetrag} + 1/2 \text{ Kindergeld}) \times 100}{\text{Mindestunterhalt der jeweiligen Altersstufe}} = \text{Prozentsatz neu}$$

Beispiel für 3. Altersstufe

$$\frac{(329 \text{ Euro} + 77 \text{ Euro}) \times 100}{365 \text{ Euro}} = 111,2\,\%$$

365 Euro × 111,2 %
= 405,88 Euro,
aufgerundet 406 Euro

Zahlbetrag: 406 Euro ./. 77 Euro = 329 Euro

Anhang: Tabelle Zahlbeträge

Die folgenden Tabellen enthalten die sich nach Abzug des jeweiligen Kindergeldanteils (hälftiges Kindergeld bei Minderjährigen, volles Kindergeld bei Volljährigen) ergebenden Zahlbeträge. Für das 1. und 2. Kind beträgt das Kindergeld derzeit 184 Euro, für das 3. Kind 190 Euro, ab dem 4. Kind 215 Euro.

1. und 2. Kind		0–5	6–11	12–17	ab 18	%
1.	bis 1.500	225	272	334	304	100
2.	1.501–1.900	241	291	356	329	105
3.	1.901–2.300	257	309	377	353	110
4.	2.301–2.700	273	327	398	378	115
5.	2.701–3.100	289	345	420	402	120
6.	3.101–3.500	314	374	454	441	128
7.	3.501–3.900	340	404	488	480	136
8.	3.901–4.300	365	433	522	519	144
9.	4.301–4.700	390	462	556	558	152
10.	4.701–5.100	416	491	590	597	160

3. Kind		0–5	6–11	12–17	ab 18	%
1.	bis 1.500	222	269	331	298	100
2.	1.501–1.900	238	288	353	323	105
3.	1.901–2.300	254	306	374	347	110
4.	2.301–2.700	270	324	395	372	115
5.	2.701–3.100	286	342	417	396	120
6.	3.101–3.500	311	371	451	435	128
7.	3.501 3.900	337	401	485	474	136
8.	3.901–4.300	362	430	519	513	144
9.	4.301–4.700	387	459	553	552	152
10.	4.701–5.100	413	488	587	591	160

16

Die Düsseldorfer Tabelle

	Ab 4. Kind	0–5	6–11	12–17	ab 18	%
1.	bis 1.500	209,50	256,50	318,50	273	100
2.	1.501–1.900	225,50	275,50	340,50	298	105
3.	1.901–2.300	241,50	293,50	361,50	322	110
4.	2.301–2.700	257,50	311,50	382,50	347	115
5.	2.701–3.100	273,50	329,50	404,50	371	120
6.	3.101–3.500	298,50	358,50	438,50	410	128
7.	3.501–3.900	324,50	388,50	472,50	449	136
8.	3.901–4.300	349,50	417,50	506,50	488	144
9.	4.301–4.700	374,50	446,50	540,50	527	152
10.	4.701–5.100	400,50	475,50	574,50	566	160

16

www.WALHALLA.de

Stichwortverzeichnis

17

Stichwortverzeichnis

17

17